小学校における
社会科地理教育の実践と課題

水野雅夫 著

古今書院

はしがき

　本書は、私の実践記録集である。実践記録集にした経緯は、次のようなものであった。

　数年前から、本にまとめなくてはという思いが心の中で芽生え、いろいろ構想を温めてきたが、なかなかまとまらないまま時が過ぎていた。いろいろ考えた末に、現在できる範囲の本を丁寧に作ろうと心に決めた。初心者向けとは言えない、大学の研究者に提案することはない。斬新な社会科教育理論はない。ただひたすら 35 年間、社会科地理教育の実践を行い、機会あるごとに記録としてまとめてきただけのものである。学校組織に身を置き、組織の中で働きながら、社会科と向き合ってきた実践の記録は、私の自己満足かもしれないが、次に続くどなたかの実践の役に立てば、出版する意味があると思った。

　ここで、本書の書名である『小学校における社会科地理教育の実践と課題』について言及したい。「社会科地理教育」とは山口幸男氏が『社会科地理教育論』（2002 年古今書院）で提唱された概念に沿っている。「小学校における」については 2 つの意味がある。1 つは、「小学校の各教科・教育活動の中の」という意味である。教師は学校で、学習指導要領に規定された社会科教育を実践している。そのため社会科の実践は公民的資質の育成を主眼とし、地理教育的要素はその範囲の中で実践されるべきであると考える。あくまでも地理教育が最終の目標ではないのである。山口氏が「社会科」という言葉に込めた意味に沿っている。第 2 章以降で収録した実践記録は、すべて学校の教育活動を前提とした実践内容であったことを記しておきたい。山口氏の本が出版される前の実践がほとんどであるが、学校教育および社会科の枠の中で実践してきた記録ばかりである。また、小学校では、教師の専門教科が何であろうと、国語と算数の

指導が第一である。次に重要なのは、給食と清掃指導、朝の会・帰りの会等の学級経営全般だと考えている。社会科の指導は、理科と並んでその次にどうしてもなる。教科・教育活動の重要度（順序性）については、様々な考え方があるであろう。もちろん、すべての教育活動に優劣があるわけはないのであるが、私自身が教育現場で働いてきて、そのように感じてきた。その中で子ども達と社会科に向き合って実践を続けてきた結果の実践記録であったことを記しておきたい。

　2つ目の意味は、「小学校組織の中の」という意味である。私が教師になった始めのころは、この意識がまだ十分に確立されておらず、私自身の行動で多くの同僚に迷惑をかけた可能性があると危惧をしている。私の新任は1982年4月であるが、その当時から徐々に組織として動くことが言われ始めた。「報・連・相」という言葉に代表されるように、学年会で教科の進め方や生徒指導について話し合い、歩調を合わせて実践を行っていくことが求められた。もちろん各教師の授業や学級経営は、個性が認められるし、得意不得意もある。PCやロボットが授業をするわけではないので、全く同じはならないのであるが、社会科見学をあるクラスは行い、別のクラスは行わないという差異は好ましくないと考えるのが組織である。また、生徒指導の決まりの範囲や問題行動などを学校の職員で情報共有し、組織的に指導するのが学校組織である。この意味で、私の実践は学年数クラスを意識した実践と徐々になったことを記しておきたい。

　上記の「小学校における社会科地理教育」の2つの意味は、ベテランの（社会科）教師ならば常識の範囲内である。わざわざ「はしがき」で記す内容ではないかもしれない。しかし、ベテラン教師の大量定年退職、そして新任教師の大量採用が続いている豊田市では、ベテラン教師の実践や組織としての動きをいかに引き継ぐかが大きな課題となっている。その意味で、私の社会科地理教師としての足跡を実践記録からたどることは、小学校社会科における地理教育の今後の在り方を検討する資料を提供する機会となるであろう。多くの先生方からご批判やご叱正を賜れば、私自身がその内容を公にし、結果として若い社会科教師の役に立つかもしれない。私自身の社会科教育探求の糧となることは

確かである。

　なお、章や項の間に破線で囲った文章がはさまれている。これは、今回本を作成するにあたり私自身が気付いたことや現在の考えを挿入するために書いた文章である。また、引用が施されていない断定的な文章は、実践経験から得られた確実な知見である。

　本書を刊行するにあたり、基となる原稿の細部にわたるチェックから出版する段どりに至るまで、古今書院の原　光一氏にはひとかたならぬご指導・ご支援をいただいた。深く感謝する次第である。

水野 雅夫

目　次

はしがき　i

第1章　社会科実践の特徴と考え方 ——————————— 1
　第1項　小学校社会科は知識の基礎作りに6〜7割の時間をかける！　1
　第2項　小学校社会科の各学年の特徴と難しさ　3
　第3項　小学校の現状について　5
　第4項　考えを引き出すまたは基礎的知識を身に付ける社会科の授業　6
　第5項　探究的な授業の進め方と指導の在り方　10
　第6項　児童一人一人の個性を見つめて、多様な指導法を！　13
　第7項　自分のこととして考えるまたは人物の生き方に共感する　14
　第8項　小学校の社会科（生活科）地理教育ができる教材一覧　15
　第9項　小学校の社会科地理教育の課題　16

第2章　事実認識から要因追究へ向かう単元構想
　　　　　－小4地域開発単元を事例に－ ——————————— 21
　第1項　事実認識から要因追究する単元構想　21
　第2項　研究実践までの準備　22
　第3項　教材開発にあたって　23
　第4項　話し合いを続ける過程　25
　第5項　授業の話し合いは子どもに任せるのか？　26
　第6項　厳密な意味の一人調べか？　28
　第7項　文章資料の活用　30

第 8 項　複線型の単元構想との関連　33

第 3 章　共通問題の設定方法－小 3 「商店街」の実践を通して－　35
　第 1 項　勢いのある授業を作るにはどうすればいいか？　35
　第 2 項　従来の研究　37
　第 3 項　実践の概要　37
　第 4 項　共通問題作りの授業分析　40
　第 5 項　研究協議会で話し合われたこと　43
　第 6 項　追究過程での検証－Ｕ子を追って－　44
　第 7 項　まとめにかえて　49

第 4 章　実践三河仏壇における地理教育的視点
　　　　　－小 5 「三河仏壇」の実践を通して－　51
　第 1 項　はじめに　52
　第 2 項　実践の概要　54
　第 3 項　地理教育的視点の授業について　59
　第 4 項　残された課題　62

第 5 章　小学校社会科における地理教育的視点
　　　　　－小 5 「豊田の自動車工業」の実践を通して－　67
　第 1 項　はじめに　67
　第 2 項　地理教育的視点と研究主題　69
　第 3 項　実践の概要　71
　第 4 項　授業分析　76
　第 5 項　結論（地理教育的視点の抽出）　82

第 6 章　森林の学習を通した環境教育の展開
　　　　　－小 5 社会科実践における地理教育的視点－　91
　第 1 項　はじめに　91

第2項　社会科実践の概要　94
　　第3項　授業分析　98
　　第4項　地理教育的視点の抽出（結論にかえて）　103

第7章　生活科における地理的能力および安全意識の育成
　　　　－小2「通学路の安全チェック」の実践を通して－ ──── 107
　　第1項　はじめに　107
　　第2項　低学年児童における地理的能力と安全の観点　107
　　第3項　めざす子ども像と研究仮説　109
　　第4項　実践第一次「つうがくろのたんけんをしよう」　110
　　第5項　実践第二次「通学路の安全チェックをしよう」　115
　　第6項　実践を終えて　122

付章　熱中する中で仲間意識を育てる
　　　　－小2生活科「こいのぼり」の実践を通して－ ──── 127
　　第1項　主題設定の理由　127
　　第2項　研究の仮説　128
　　第3項　研究の手だて　129
　　第4項　実践と考察　129
　　第5項　研究のまとめ　141
　　第6項　実践を終えて　143

社会科実践フォトアルバム①　34
社会科実践フォトアルバム②　66
社会科実践フォトアルバム③　90
社会科実践フォトアルバム④　126

あとがき　145

第1章　社会科実践の特徴と考え方

第1項　小学校社会科は知識の基礎作りに6～7割の時間をかける！

　小学校の現行の学習指導要領が施行されて、8年目を迎えている。新学習指導要領では、基礎・基本的事項の習得を土台として、そこから知識を活用して調べを深めたり、疑問をさらに追究して問題を解決する探求的な活動を取り入れるように規定している。しかし、小学校の社会科では、3～4年生で地域学習を、5年生で国土の理解を、6年生で歴史と公民の基礎を学ぶために、なかなか探究段階に至らないことが多い。基礎の基礎というべき事項を知らないことには、意味のある活用は難しい。ましてや探究することはいっそう厳しい現状がある。時間的な制約もあり、探究の活動は総合的な学習の時間に任せなければならない状況があると考える。

　なぜ、基礎的事項の習得が大事か？それには2つ理由がある。基礎的知識が大切な1つ目の理由は、小学校高学年から中学校にかけての脳および身体能力の発達にある。社会科に関して言えば、身近な地域、県市町村、地方、国土、世界の地形的・自然的理解（順序性はない）と記憶が人の頭脳の基本を作るからである。人間の発達段階において最も活発に脳が働く時期に、記憶を大切にすることは、一生の知識の基盤を作ることになる。もちろん、無理やりに記憶を強いる教育は好ましくないが、様々な方法を用いて、楽しく記憶する方法をとれば、適切に歴史観・世界観・公民観を身に付けることが可能である。時期を逸しないことが重要であると考える。2つ目の理由は、小中学校時代に基礎をないがしろにして活用や探究に時間を使うことの危険性である。活用や探究

は、繰り返し行えば、確かに上手になるし、能力は向上する。学び方を学ぶことは大切な学習である。しかし、土台となる知識なしの活用や探究では砂上の楼閣である。特に探究の学習では、特定の分野に深い知識は身に付くが、系統立ててないので、ばらばらな知識になりがちである。同時に、個々人によって身に付く知識に偏りが出る可能性がある。それは、人生の基礎を養う義務教育として、果たして適切だろうか？教科書のような知識を児童生徒自身が身に付ける時間を保証すべきではないか。その土台の上に立って、活用や探究の時間を多くもつのがいいと考える。もちろん習得の度合いは個々の児童生徒によってばらつきがでるかもしれない。また、決して活用・探究が必要ないとは思わない。土台が完成してから活用・探究を図るという順序性はない。小中学校時代から活用・探究は経験すべきである。基礎的知識の習得と活用・探究は対立する性質のものでなく、同時並行的に学ぶことで効果を発揮すると考える[1]。

なお、図1-1は、小学校〜高校まで社会科の知識と探究の授業の割合を概念的に図に表したものである。小学校3年生から高校までは、社会科とは別に総合的な学習の時間が設定されているので、学び方や探究のしかたはその時間に学ぶことができる。社会の内容に限るわけではないが、社会科の時間は基礎知識を身に付ける時間に多くあてた方がいいという考えである。高校の場合、就職を希望する生徒と大学進学で理系、文系に分かれるので、3本の線となった。

数字は％を表し、小中とは小学校中学年を表す。小学校低学年は社会科ではなく生活科なので、社会科の知識としては存在しない。私が考える社会科の授業の習得、活用、探究は上記のような割合を考えている。なお、活用は習得と

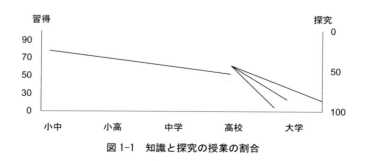

図1-1　知識と探究の授業の割合

同時並行に行うべきものとして習得の内に含めた。

第2項　小学校社会科の各学年の特徴と難しさ

　小学校社会科の内容としては、小学校3年生から地域で働く人々を中心に目を向け始め、4年生の半ばまでは地域にどっぷりつかった学習を行う。ここは、単純に覚えるというよりは、地域に親しみ、地域に愛着をもつ学習と考えればいい。地域に暮らす人々とたっぷりかかわり、自分のふるさとを認識する学習と考えている。地域に出かけ、調べたり、話を聞いたり、事象を観察したりする地域調査の基礎基本を体験させたい。

　4年生の後半、全国の県名、県庁所在地名の学習から、社会科の基礎基本を覚える学習が始まる。覚えることが苦手な子どもがいるのは事実である。逆に、県名や地名を覚えることが特に優れている児童も存在する。ただ、苦手な子も含めて、なるべく楽しく覚える学習を行いたい。子ども達全体の様子を確認しつつ学習を進める力量が要求される。自分の経験から言って、一番いい方法は（色塗りを含む）作業である。県ごと、地方ごとに色分けをしたり、県庁所在地名を記入したりする作業を繰り返して自然と頭に入るようにしたい。

　5年生の社会科は、国土の理解と国土像の形成が主な目的である。第1次産業、第2次産業、第3次産業が日本の国土にどのように展開されているか、理解したり全体像を把握したりする作業が必要である。そこには知識が必要になる。4年生後半で身に付けた日本の川名、平野名、半島名、都市名に加え、特定の産業に特化した地域を知っていく学習でもある。まさに、社会科地理教育の出番となろう。

　6年生の社会科は、11月末までに歴史を一通り終えて、12月からは公民分野の学習になる。愛知県三河地方の小学校では「学芸会」が秋にあるので、その練習等で時間を喰われ、歴史学習が12月までかかることがある。歴史学習では、人物に焦点をあてた学習でいいとされているが、それほど簡単な話ではない。人物に焦点をあてても、全体の時間の流れが分からないと、この人物は

4　第1章　社会科実践の特徴と考え方

歴史上でどんな役割を果たしたのか、またどのあたりの時代に活躍したのか、分からないまま学習が進むことになる。どうしても、時代背景や歴史の流れの解説が不可欠である。また、どの人物をどの程度まで掘り下げて調べるのかという点でも迷うところである。歴史学習は難しいといわれるゆえんである。また、公民分野の国会や内閣等国の組織のつくり等は、6年生の児童に理解できるかという問題に直面する。なかなか探求的な学習に至らない内容である。卒業期と重なるため、活用も難しく、どうしても教師の説明で学習することになる。

　このように、小学校社会科は、だれがどの学年を担当しても難しいということになりがちである。私は、4月当初、その学年の社会科の内容と学校の年間行事計画を考え合わせて、教師の説明で学習する時期（S）、資料読み取りにより児童の意見を引き出しながら進める学習（H）、探求的に調べ学習を行う時期（T）の3つに分けて計画した（図1-2 参照）。

　図1-2 は、学校の年間行事計画に沿って、説明授業（S）、資料読み取り授業（H）、探求授業（T）に分けた配列である。小学校は、配属される教師の数が少ないため、運動会や学芸会、卒業式等の大きな行事では、学校の教師全員が行事に向かって一丸となる体制が組まれる。はっきり言って、社会科の探求授業などはできないのである。そのような時は教師による説明の授業で十分である。また、学芸会が終わってから1月下旬または2月上旬では学力テストがあるため、1年間のカリキュラムをきちんと終えることが必要である。時間のかかる探求的な授業はやらないほうがいい。学力テストに備えて、4月からの

図1-2　年間の学校行事計画と合わせた社会科の授業形態

授業の復習と内容を学習し終えるための調整期間として、授業を進ませなければならない。そうすると、探求的な授業は、1年間のうちで、6月と9月～10月上旬に限られてしまう。それが、探求的な授業の割合が2～3割という理由にもなる。せいぜい2～3単元または2つの教材がいいところだろう。(この点については、工夫や努力により異論があるかもしれない)。

なお、2～3月にかけて、T or Hと表記したのは、1年生から4年生までは資料読み取り授業(H)または探求授業(T)が可能かもしれないという意味で書いた。6年生は卒業に向けてまっしぐら、5年生は卒業生を送る会の行事を主催するために手一杯となる。高学年の学級経営は内容的にも時間的にも難しい。1～4年生は学テが終われば、少しは時間的余裕が出るので可能かもしれない。ただ、1年間の学習のまとめ時期なので、探求授業(T)はできないという考え方もある。いやだからこそ探求授業をやると考える教師がいるかもしれない、という意味である。

第3項　小学校の現状について

基礎的知識は義務教育9年間を通して身に付けること(習得)が望ましい。1年間や2年間でまとめて身に付ける(習得)という乱暴なことは当然できない。しかし、一方で学び方を身に付ける活用や探究の学習も、学んだ基礎知識に応じて高度になっていくのが自然である。生活科で体験した気づきと小学校6年生の総合的な学習の探究活動が同じ質であるわけがない。発達段階に応じた活用や探究活動であってほしい。したがって、前項でも書いたが、探究にあてる時間数は小学校では2割の時間を、中学校でも多くて3割、2割でもいいと考えている。この場合、探究とは問題解決的な学習を指している。「問題解決的」といっても、いろいろな形があり、活用に含めるのか探究に含めるのか議論が分かれるところである。私は個人の課題をもち、調べ学習を主体とする学習を探究の学習と考えている。現行学習指導要領では、総合的な学習がその役割を負っている。ていねいに問題解決的な学習を行うに十分

な時間が確保されている。一方、社会科はどかというと、そうではない。つまり、教科書の内容を消化するだけで精一杯、問題解決的学習は研究授業のときだけという現状である。この傾向は、私が教職員として在籍した35年間全く変わっていない。平成22年度から施行された現行の学習指導要領では、内容が若干増えた分だけ苦しくなっているのではないか。小学校の教師も中学校の社会科の教師も同じような状況に置かれている。明治図書の『社会科教育』誌に実践が紹介されるような教師は、ごく一部である。ほとんどの教師は、できる範囲で工夫をしつつ教え込みの授業を行っているのが正直な現状である。そして、現状が一番いいのではないだろうか。そのように考える理由には、小学校の事情がある。

　小学校の場合、学級担任が小学校全科を担当する。社会科専門の教師が担任する場合もあるが、そうでない場合が多い。小学校の教師は基本的にどの教科でも教えるのが原則であるが、自分の専門外の教科で問題解決的な学習を展開することは、なかなか難しい。いくら小学校の実践であっても、いや小学生だからこそ、素直な疑問から出発する問題解決的学習は、教師の力量を必要とする。算数も理科も体育も国語も音楽も問題解決的学習ならどれでも来いという教師には、35年間ついぞ出会ったことがなかった。生活科や総合的な学習、自分の専門とする教科、生活指導をカバーすれば小学校の教師として一人前だと言われるのは、このような事情による[2]。そして、小学校はもちろん中学校においても、教育実践で無理をすることは避けた方がいいと考える[3]。

第4項　考えを引き出すまたは基礎的知識を身に付ける社会科の授業

　第1項や第2項に述べてきたような背景のもとで、私は社会科地理教育の教育実践に重点を置いて教育活動を進めてきた。もちろん、部活動や学級担任、公務分掌などの仕事もきっちり行った上での話である。そして、研究授業などを中心に実践記録にまとめてきた。したがって、基礎的知識を身に付ける実践

を記録してきたわけではない。今から思えば、基礎的知識をどのように身に付けるかというテーマで、実践記録に取り組むべきであった。残念ながら、実践は行ってきたが記録は残してこなかった。

　実践記録に残した内容は、小学校1年生の生活科から中学校3年生の選択社会科まで多岐に及ぶ（小学校6年生の歴史・公民分野に記録がない）が、基本的スタンスとして、児童生徒の意見を引き出しつつ、基礎的知識も身に付けていこうとする考えが背景となっている。本格的な問題解決的学習の記録はない。しかし、記憶一辺倒な実践もしていない。どうしてそのような中途半端な実践になったのだろうか？それには2つの理由がある。1つは、時間数の制限である。担任として、または学年の社会科担当として進度に責任をもたねばならない。保護者にとって、社会科に対する教師独自の考え方は理解の範囲ではない。教科書の進度が問題である。具体的には通知表にそれが表れるが、学校の教育活動全体の調和を考えると、教科書の進度をしっかり意識した授業実践を行うことが必要であった。2つ目の理由は、テストの問題である。小学校では、業者が作成し印刷されたテスト問題を採用した（小学校3・4年生の地域学習では自作テストを行った）。中学校では、社会科の教師が輪番でテスト問題を作ったが、その多くが問題集の焼き直しというか少し形式を変えた形の問題であった。そうするとどうしても知識、理解、観察、思考を見る問題になりがちである。根底には基礎的知識が身に付いていないと解けない問題であった。問題解決的学習を実践した場合のテストは、どうあるべきなのか。個別に課題をもち、時に話し合ったりして学習を進めた場合、ペーパーテストは無理なのではないかと考えている。総合的な学習や生活科の評価がテスト形式では行わないように、社会科やその他の教科においても問題解決的学習の場合は、テストは行いにくい。つまり、問題解決的な学習は、研究実践で一生懸命取り組むが、日常の授業にはなかなか難しいとうのが教育現場の状態である。私の社会科実践は日常の教科指導の範囲の中で、いかに児童生徒の意見を引き出し、話し合わせるかというところに重点が置かれた。この工夫であると言っていい。意見を気兼ねなく出すこと、友人の意見と比べて話し合うこと、また友人の意見や教師からの助言を基に自己の考えを深めることは教育実践として意義深いものがあ

り、日常の授業に必要である。この実現は小学校では密接に学級経営とかかわり合う。

その方法は(以下の方法は、小学校高学年5・6年生を対象とした方法である。)

①読み取る資料は、限定する。1つか2つの資料をじっくり読み取って考えさせる。そして意見を蓄えてから、発表や話し合いを行う。

②資料に対する見方や考え方は、初めに教師が模範を示しながら教える。資料中の「もの」、「様子(数、色、質など様々な状態)」、「それに関連した自分の思い、感情、考えなど」をノートに書き出す。

③野外観察を行った場合は、多様な気付きをメモするように指示しておき、学校に戻ったら、なるべく早く記憶が新しいうちに報告会を開く。同じ対象に対する気付きを大切にして、意見をどんどん付け足すように促す。

④話し合いの中心は、付け足しになる。初めから反対や食い違いは起こりにくい。しかし、事実誤認など記憶違い等のズレは起こる。その場合、ビデオや写真等で確認できることは確認する。しかし、どうにも確認できない場合、再度野外観察に出かけるようにして、学習をつなげていく。

⑤資料読み取りの学習の場合、次の資料は教師が決める。児童生徒に任せることも可能であるが、なかなかそこまで児童生徒の学ぶ力を重んじた学習は時間の関係でできにくい。児童生徒30人がいれば、30通りの考えがあり、児童生徒だけで資料を絞るということは、できないではないが難しい。教師が児童の着眼している資料を見たり、本時の目標を考慮しながら、必要な資料を選定することが適切であり、時間の節約になる。

⑥その意味で、学習課題も教師が提示する。普段の授業では、そうやって教師主導で進めてきた。本格的な問題解決的学習を、巴ケ丘小学校時代に生活科で実践したが、その実践どおりを普段の社会科で行うことはできなかった。

⑦児童生徒に振り返りを書かせて、それを点検する中で、話し合いをもう1時間続けるとか、一人調べに入るとか、教師の指導性を発揮した授業の進め方にするとかは、教師が子どもの様子を見ながら考えて決めた。こうして、単元にかける時間数を調整しつつ、軽重を付けて実践を行った。

⑧国語科で教材全体を見通して学習計画を子ども達が立てる実践が広く行われている。社会科でそれと同様なことを行うことは可能かもしれないが、難しい面もある。国語科の教科書教材にあたるものが、地域の諸事象である場合、その学習の展開を子どもが予測することが難しいからである。高学年の教科書を中心にした基礎学力を習得する学習ならば可能である。特に、探究的な問題解決の学習では、数時間先の見通しを立てるのが精いっぱいなのではないか。

また、基礎学力を習得するための工夫は、次のとおりである。

①基礎的知識や基礎学力をつけるための学習は、事前にプリントを作り、特に重要な語句を（　　　　）で空けておいて、児童生徒が記入しながら教師の話を聞かせるようにした。この方法は、安直なように思われるが、結局色々試してみて、これが一番いいと思った。予習で穴埋めをしてくれば、効果はさらに上がるが、社会科で予習をさせること自体がなかなか難しいので、私はさせなかった。授業中の記入で十分なのではないか。

②単元テストの前に15分から20分程度の集中的な復習タイムを取った。小学生は特に自信をつけることが大事なのに、家で社会科のテスト勉強をしてくる子は少ない。これを、補うために、わずかな時間だがテスト前に復習タイムをとって勉強させた。さすがにテスト前はみんな集中して勉強した。

③小学4年生の自分が住んでいる県内の様子、および全国の県名・県庁所在地名、5年生の国土理解のための山地・山脈・川・平野名などは白地図に色塗りをしながら覚えるようにした。一般的には、このような方法は古い方法として嫌われる傾向にあると思う。時間の関係で記憶することを重視しないまま、さらっと学習して済ませる実践がかなりあるのではないだろうかと予想している。しかし、私自身と子ども達はこの白地図に色塗りが楽しかった。

④クイズやパズル、ゲームなどはいろいろあるので活用した。また、七田式の替え歌などを朝の会や帰りの会で流して自然と頭に入るように工夫した。

⑤例年2月初めに行われる学力テスト前には、およそ冬休みや1月学校が始まってから、4月以降の単元テストを週末の宿題に出し、採点して社会の時間に返却した。直したり要点を解説したりして、4月以降の復習を順次行い、基礎基本事項の記憶を呼び戻すように実践した。

⑥折にふれて、社会科で覚えることの重要性を話した。ややもすると、覚えるということだけで「社会科は嫌い」と考える人がいるが、逆に覚えることの大切さを話した。また、NHKの日曜日夜8時からの歴史ドラマを見るように勧めた。残念ながら、30数人のクラスで、歴史大河ドラマを見る生徒は数人から多い年でも10人前後だった。民放の人気番組「イッテQ」がおもしろすぎるという事実がある。「イッテQ」が好きということは、かなり「地理がおもしろい（好き）」と同じであることを話して、地理で覚えることを勧めた。イッテQの場所を地図で調べたり、確認したりするように勧めた。また、どちらかを録画するとか、工夫して両方見ることを勧めた。

⑦私は地理学の巡検で育った人間である。自分の巡検の思い出や旅行の思い出は豊富にある。それらの思い出や小話を授業中に話してやることは、社会科に興味を持たせる契機となる。（故松井貞雄教授は、社会科における小話の重要性を私たちに語って聞かせた）。

第5項　探究的な授業の進め方と指導の在り方

　社会科を専門教科としない教師が一番手を焼くのは、どうしても社会科の探究的な指導過程が分からないということである。これは、経験から自分流の進め方を身に付けるのが一番いいのであるが、専門教科でないから、そのようなことはなかなかできないということが現実に起こる。私自身も、音楽や図工の探究学習をどのように進めたらよいか分からないのと同じである。そこで、私なりの進め方を図1-3に示した。

　図1-3は、私の経験から考えた探究的な学習の進め方である。上段の過程と

第5項　探究的な授業の進め方と指導の在り方　11

事実認識 → 考えをもつ → 意見交流 → 一人調べ → 意見交流 → 一人調べ

過程	事実認識	考えをもつ	意見交流	一人調べ	意見交流	一人調べ
学習の進め方	・資料の読みとり（写真・年表、図） ・聞き取り ・手紙や電話 ・見学 （物の名前、色、数、形、におい\等）	・ノートに書く（物、様子、考え） ・振り返り ・教師との対話 ・グループ学習	・話し合い（全体） ・グループ発表 ・ペア学習 ・ポスターセッション ・認識の違いや思いの違い	・個人課題の確認 ・追究 ・振り返り ・もどる ・教師との対話	・発展的な課題 ・話し合い（全体） ・グループ発表 ・ペア学習 ・見通しをもつ	・個人課題の確認 ・追究 ・振り返り ・もどる ・教師との対話 ・まとめへの意欲
指導内容	第1ステップ ・資料の見方 ・読みとりの仕方 ・聞き取りのマナーおよび聞く内容 ・覚え方、覚える工夫 ・電話の仕方	第2ステップ ・ノートの書き方 ・まとめ方 ・引用の方法 ・振り返りの書き方 ・礼状の書き方	第3ステップ ・話型および発表の仕方 ・ハンドデザイン ・話し合いの見本を見る ・話してみる	第4ステップ ・個人課題の確認 ・追究の内容と方法と技術 ・振り返り ・考えを深める ・今後の見通し	学習のまとめ ・どこで終わるか? ・まとめ方の工夫	

図1-3　社会科の探究的な指導過程

中段の学習の進み方の欄は対応する。しかし、下段の指導内容の欄は、上段・中段と対応関係にない。あくまでも子ども主体の学習体制をとるが、その体制の中にも、子どもに個別に指導する内容が第1ステップから順にそれぐらいはあるという意味で列挙した。これらの学習過程と指導内容をとりつつ、学習を進めると、探究的な学習になるのではないかという考えである。ただし、この表の中には、子どもの意欲付けが抜けている。子どもがどうしても調べたいとする意欲または積極的な学習態度をとらない限り、図1-3のような過程は難しい。したがって、意欲的に調べ始めたが、途中で意欲が薄れてきた場合には、探究的な学習を途中で打ち切って、説明の授業に切り替えるか、一旦おいて次の単元に進むという決断を担任が下すことも視野に入れてほしい。

　また、小学校の社会科では十分な時間が取れないため、図1-3のようなていねいな学習過程がとれない可能性が大きい。総合的な学習の時間でこそ、学び方を学ぶ意味および探究学習をやり遂げたという達成感を得るためにも、ていねいに指導してほしい。図1-3をみて分かるように、たとえ探究的な学習であろうとも、指導する内容は多くある。児童に調べさせて終わりではない。むしろ、児童一人一人の調べ方をチェックしながら、それに対応した個別指導をしていかなければならないから大変である。指導内容と指導時期を熟慮しながら、一斉指導することも十分に考えなければならない。なぜなら、小学校と言えども、時間は限りがある。まして、中学校ともなれば、1対1の個別指導にあてられる時間はごくごく短い。

　平成32年度から小学校で完全実施となる『新学習指導要領（平成29年3月文部科学省）』の中で強調されている「主体的・対話的で深い学びの実現（いわゆるアクティブ・ラーニング　注：筆者）」（第1章総則第3の1，p.8）は、社会科においては、図1-3の過程をたどれば、可能になるものと考える。ただし、社会科にわりあてられた時間数の中でこれを実践することは、ベテラン教師でも、かなり難しいかもしれない[4]。

　実践の過程を簡単な図表にまとめるということは容易なことではない。児童を目の前にして対応する教師の行動は、簡単な言葉で表現することが難しいからである。授業の法則化運動が蓄積されて久しい。確かに子どもはその

とおり動くので、若い人は惹かれると思う。もちろん法則化に沿った実践をしたければやればいいと思うが、大規模校や中規模校では学年の歩調というものがあり、学級単独でとことん実践するというわけにはいかない。組織として動く必要があるので、担任の独自の実践は難しい。学年１学級の小規模校でも、次の担任との引き渡しの関係から、偏った実践ばかりでは難しい面がある。組織は若い教師の実践を自由にはしてくれないという面がある。別の面から言えば、誰も全教科が得意というわけではないから、お互いに助け合うといういい面があるのが組織である。

第６項　児童一人一人の個性を見つめて、多様な指導法を！

　児童一人一人には違いがある。近年特に個性が強く表れるようになった。「社会科が嫌い」「覚えるのが苦手」などという社会科に対するアレルギー的な言葉で一様に語るのは、何か平板な感じがしてならない。「発言は苦手だけれど、まとめるのは上手」「見学や探検が好き」「ただ単に覚えるのは苦手だが色ぬりは好き」「覚えるのは苦手だけれどゲームは好き」「カタカナの言葉は覚えられるが、漢字は覚えるのは嫌い」「地図を見るのが好き」「歴史のマンガが大好き」「覚えるのは嫌いだが、調べることは好き」「何でも興味あることを追究する勉強が好き」「イッテＱは好き」等、多様な感想が社会科に寄せられる。覚えることは社会科に限ったことではない。ゲーム的な地理ソフトの開発が進んでいる。見学や探検が嫌いだという意見は少ない。児童一人ひとりの個性があるのは当たり前だから、その個性がなるべく生かせるように多様な指導法をとることが学級担任に求められると考える。そうすると、特定の指導法で一年間通すということは危険である。ある個性は生きても、別の個性は伸びないということにつながるからである。それは子どもが学習に飽きるという現象に表れる。したがって、多様な指導法を積極的に考えてとることが必要である。

　児童の個性を見つめる方法は、座席表カルテである。社会科の初志を貫く会

（個を育てる教師の集い）が有効な手立てとしている方法に賛同する。学校の日常の教育活動は忙しい。児童のきらりと光る一面が見えても、どんどん過ぎ去っていく。座席表に限らなくても、何かにメモを取らなければ、教師の脳裏から離れてしまう。それを防ぐために、児童の下校後、児童一人ひとりを見つめる時間がほしい。それを記録する時間がほしいと願ってきた。会議や部活動で勤務時間はとうに過ぎても、そのような振り返りの時間を大切にしたい。そして、発見した児童の個性を生かすような社会科の授業を考えたい。これが理想ではないか。現実には毎日続けることはできなかったが、そうありたいと考えて実践を試みたことがあった。

　上記の内容と相矛盾するようだが、研究発表等で特定の指導法を児童に定着させようとすると、少なくとも二単元、できれば三単元の同じような学習方法の実践が望ましい。理論的にいかにすばらしい指導法であっても、現実にその指導法が児童に定着し、実践が成功するには時間がかかる。児童がその指導法を理解し学習を進めていくには、習熟する時間が必要であることは、何度も研究発表を経験したベテラン教師なら常識のことだろう。

　三単元繰り返し、同じ指導法で学習する間は、特定の個性（または能力）が伸びる一方、特定の個性（能力）は伸びない。その弊害は、研究発表が終わってから、別の指導法をとって調整する必要があると考える[5]。

第7項　自分のこととして考えるまたは人物の生き方に共感する

　社会科実践の中には、共感するまたは自分のこととして考える程度まで子どもたちに教材とかかわることを求めることがある。社会科地理教育の実践では、なかなかそこまで到達しないことが多い。内容的に基礎的な知識の場合が多いいという理由のほかに、調べに没頭するなどという状態に追い込むことが自分自身できなかったことが理由である。研究実践を目標としている付属小学校や研究発表校ではないので、他の教科・教育活動とのバランスや大きな

行事を控えると、とても社会科の授業にばかり神経を集中させることができなかったというのが正直な実態である。例えば、小学生が伝統工芸的な産業の職人の仕事を学習する場合、どこまでその仕事を「自分のこととして」とらえることができるか疑問である。9歳や11歳の子どもに「自分のこととして」仕事を意識させることの難しさや負担を考えてしまうのであった。付属小学校の児童ならついてこられることでも、一般の小学校の児童には難しいことはあるというのが私の考えである。難しいことを強制させることはできなかった。むしろ、ある1つの指導法で実践してもうまくいかないときは、さっと別の指導法に切り替える判断が必要である。1つの指導法が児童に合わないと感じても無理やり続けたり強制したりすることは、社会科嫌いを増やす結果だけが残り、いいことはあまりない。時間は限られており、他教科にまで影響をおよぼすことになる可能性がある。社会科を専門とする教師なら、社会科嫌いを一人でも多く出さないように努力するべきだというのが、私の考えだった。

第8項　小学校の社会科（生活科）地理教育ができる教材一覧

学年	単元名	実践例
1年生 生活科	・学校探検	・校舎内の配置絵図作成（グループまたは学級） ・校内の絵図作成（グループまたは学級） ・虫や動物、草花の絵図作成（グループまたは学級）
	・わたしの通学路 ・秋さがし ・冬さがし	・通学路の途中の安全を守る施設発見 ・通学路の途中の公園で遊びながら様子を再現する ・季節の証拠を探して、絵図に表す（グループまたは学級）
2年生 生活科	・町の中の春さがし ・町探検 ・町の人に伝えたい	・通学路の春さがし観察と絵地図（グループまたは学級） ・町探検絵地図（個人またはグループ） ・まとめの（安全）絵地図（個人またはグループ、学級）
3年生 社会科	・学校の周り ・市の様子 ・私たちのくらしと商店 ・農家の仕事	・絵地図または地図記号を使った地図の作成（個人またはグループ、学級で一つの床地図作成等） ・見学および聞き取り活動と分布図の作成

	・工場の仕事 ・木を育てる仕事 ・かわってきた人々のくらし	・町の文化財探し、（絵）地図作成、
4年生 社会科	・くらしを守る （消防施設、地震、災害、事件事故等） ・水はどこから？ ・ごみのしょりと利用 ・郷土を開く ・私たちの県 ・特色ある地域と人々のくらし ・世界とつながる私たちの県	・校舎内および学校周辺の観察、施設分布図の作成 ・町の安全マップの作成 ・学区内の川の流れ地図 ・ゴミステーションの観察、聞き取り、分布図作成 ・地域開発の事例観察、分布または流れの確認、地図作成 ・全国の県名、県庁所在地名確認、色塗り作業、パズル、クイズ等多様な方法で楽しみながら記憶すること。 ・文献や資料、PCから検索・調査、聞き取り活動、ガイドマップ作成（個人またはグループ） ・地図帳による世界地図の確認、国名を覚える
5年生 社会科	・私たちの国土：地形、平野、川、山地、気候 ・特色ある地方のくらし ・私たちのくらしと食料生産 ・水産業のさかんな地域 ・私たちのくらしと工業生産 ・私たちの生活と環境	・日本地図による平野川山地名の記入や色塗り作業、クイズ、PCゲーム等楽しく覚える活動の工夫 ・日本の領土、領海に関する問題 ・写真や資料（グラフ等）から特色ある地方のくらしを調べる活動、発表や話し合い（ワークショップ） ・米作りのさかんな地域の景観観察（写真による） ・全国の米や野菜、果樹の生産高 ・穀物自給率（グラフの読み方と意味を考える） ・全国の漁港、・日本周辺の海流、 ・工場の種類、・工業地域名、・工業生産高、 ・山地と森林の分布、・林業の仕事、 ・環境調べ（調査）
6年生 社会科	・日本の歴史 ・世界の中の日本	・各地域の遺跡、文化財、文化施設の由来 ・戦争の敵味方、同盟関係、・戦国大名の勢力分布地図 ・日本とつながりの深い国々（世界地図を使って）

第9項　小学校の社会科地理教育の課題

　今までの実践を振り返り反省を含めて、今後の小学校の社会科地理教育の課題を教育現場で実際に授業する立場から3点、大きな教育改革という範疇で2

点指摘したい。

　授業実践の立場からまず指摘することは、小学校3・4年生の地域学習における見学の際の付き添いボランティアである。学級通信などで呼びかけて数名お願いしている場合がほとんどであるが、確実性がないため、次の見学でだれも保護者の都合がつかないと心配する若い教師が現任校にいる。ボランティアの都合がつかなければ、担任一人で引率しなければならない。これは、何かあったときに担任一人では対応できないという危険な状況を生むので避けたい。校内で担任がないのは校長と教頭、教務主任の3人だけなので、なかなか付き添いできないという状況で、3年生の若い担任は苦しい思いをしている。基本的にボランティアの方に責任をもたせることはできないので難しい問題である。児童の安全・安心を最優先すると、見学はなるべく避けようとする教師がいるのもうなずける。

　第2にESDの小学校社会科地理教育への取り込みである。第6章の章末の記述と重なるが、先進校レベルまたは県の教育センターレベルでは研究と実践が行われているが、なかなか地方の公立小学校へは届いていない。届くのは理数教育の情報が多い。せめて実践例のパンフレット1枚でも教育現場に届けば、関心のある教師はそれを手がかりに実践を模索するのだが、届いてないのが現状である。それでも情報を検索して自分から実践を行う現場教師は数少ない先駆者である。私は残念ながら実践まで届かなかった。後に続くどなたかにバトンを引き継ぎたい。

　第3点として、ICTの活用があげられる。全国津々浦々の小学校にパソコン室の設置や大型テレビとデジタル教科書の普及など設備としては申し分ない。児童個々へのタブレットの配付をどうするかで行政は悩んでいるところである。課題としては、小学校の社会科地理教育でそれをどう活用するかである。本書の図1-2でいうと、S（説明）H（引き出す）では、デジタル教科書を使うことで児童の興味・関心を引き付けることが可能となった。しかし、T（探究的な調べ学習）では「キッズgoo」や「Yahooキッズ」など整備はされているのだが、それでも情報が多すぎて児童が戸惑う、または上手に活用できない状況があるのではないか。指導者も同様に上手に指導できていない可能性があ

る。情報リテラシイーや情報モラルの指導も先進校は別にして、地方の公立小学校ではまだ十分ではない。

　次に、教育改革に関する大きな範疇から課題を述べたい。まず、教育の現代的な改革として、平成30年度から外国語学習が小学校3・4年生に始まる。道徳の教科化も新学習指導要領の先取りとして実践される。そうすると、特に小学校では、新しい内容の研修が優先されるため、社会科地理教育の研修は片隅に置かれるか忘れられる結果になることが懸念される。社会科地理教育に限らず他教科の指導にも注目の度合いが低くなる可能性がある。校内の **OJT** が追い付かず、小学校の教師は相当無理をして実践している現状である。

　また、障がい者差別解消法の平成28年4月施行により、特別な支援を必要とする児童が普通学級で学ぶ機会が増えてくる。趣旨は理解でき、前向きに取り組みたいと思うが、社会科地理教育としては特別な支援を必要とする児童にどのように対応するか、ほとんど検討がなされていないと思われる。今後の社会科地理教育の大きな課題である。

　以上、教育現場に張り付いて仕事をしている関係から、全国的な新しい動向・情報を把握していない懸念はあるが、地方の公立小学校の現場教師の立場から記した次第である。

注および参考文献
1) 基礎的・基本的事項の習得（記憶や習熟）と活用や探究の学習は車の両輪の関係だと考える。どちらが外れても前へ進まない。ただし、小学校のうちは基礎的・基本的事項の習得が大きな割合を占める方が望ましいという考えである（図1-1）。また、長い教師生活の中で、よく次のような言葉を聞いた。「小学校は楽だが、中学校は大変だ。」とか「小学校の社会科はやさしくていい。中学校の社会科は、覚えることが多くてつらい。」等である。この言葉は、小学校の勤務や社会科の授業をよく知らない方の言葉だと思う。私は、小学校勤務26年、中学校勤務9年の経験から、確かに中学校の勤務は、朝早くから夜遅くまで大変なのは分かる。そこは間違いないのだが、小学校の勤務も中学校と同じように大変だった。まず、空き時間が少ない。高学年で1週間に数時間程度。中学年や低学年は空き時間が取

りにくい。つまり、子どもが学校にいる間だけで何とかしなければならない。どうしても、放課に授業の準備をしたり指導したりすることになる。また、学級経営の仕事も放課に行う。長い放課は子どもと遊んだり、コミュニケーションをとる時間にあてることが多い。時には、組織的に生徒指導の指導時間にあてられることもある。お茶を飲む時間も惜しんで仕事をすることになる。給食を早く食べて、わずかな時間を生み出し、子どもの日記を毎日読んで朱書きを入れて返した経験が20年を超える。この制約された中で9教科を教えることは至難の業である。近年では、特に高学年に部分的に教科担任制を取り入れる工夫を行う学校が出てきた。当然の話だと思う。低学年や中学年でもできる教科はやるべきである。特に、音楽や体育など技能系教科は教師により得意・不得意があるので配慮すべきである。

2) なお、中学校社会科の現状については、私個人として9年間の経験があるが、最近の状況を調査した上で、稿を改めたいと考えている。

3) 経験上でものを言って失礼かもしれないが、無理して実践しても、学級経営としてどこかでほころびが出るような気がしてならない。具体的には書けないが、私の教師生活に学級経営でそれに近い状況がうまれたことはあった。振り返ってみて、研究実践よりも学級経営を優先したほうが結果としてうまくいくと思う。卵と鶏の話で言えば、学級経営が先である。

4) 愛知県三河地方の小学校で伝統的に研究実践されている「子ども一人ひとりの調べや考えを生かす授業」は、新学習指導要領のアクティブ・ラーニングそのものであるとする考えが、広まりつつある昨今である。移行期の各教科の研修会を注意深く見つめていきたい。

5) 本項の内容は、社会科に限ったことではない。どの教科にもあてはまると考える。ただ、私は学校組織の中で35年間社会科の授業に誠実に向き合った経験から得た知見である。

【付記】原稿を出版社に提出する段階で、図1-2について別の見方があると考えるようになった。それは中規模か大規模の小学校で、年間を通して現職教育の取り組みを行っている学校を知ったからである。世の中には様々な研修の方法を考案する学校がある。その地域または学校の実情に合

わせて実践の研修や研究を行えばよいのではないかと考えた。必ずしも図1-2にこだわる必要性はない。

　なお、次章より具体的な実践事例の記録を掲載する。各章末に実践記録の発表誌名、発表年、発表題目を載せた。古い記録は1985年のものもあるが、昨年（2016年度）小学校3・4年生の社会科を担当して、大きく違うなという点は感じなかった。教育実践の「不易」「継続性」を強く感じた1年だった。

第2章　事実認識から要因追究へ向かう単元構想
－小4地域開発単元を事例に－

第1項　事実認識から要因追究する単元構想

　中学年の社会科は、学区を中心とする地域の地理的・歴史的諸事象を対象とした学習内容が大半を占める（1985年当時：筆者）。子ども達が主体的に意欲をもって学んでいくために、勤務校の中学年部会では現職教育として、①導入→②見学→③共通課題作り→④追究→⑤まとめといった指導過程を組んで授業実践に取り組んだ。しかし、実際に授業を行ってみると、共通課題の設定はかなり困難であることが分かった。

　この問題を解決に導いてくれたのは、前田勝洋氏である。前田氏の指導の要点は次の二点だった。①見学後、地域の諸事象を正しく見る目を養うために、見学場所の再現をする。②写真等を利用して、子ども達が自ら考えを広げていくような授業を試みる。①や②の授業を行ううちに自然と話し合い学習が進んでいく。

　さて、追究の授業については、筆者は前々から考えていたことがあった。それは、あたかも地理学の論文を書くときのように、その構成を要因追究的に組んでいくというものである。中学年の社会科は、現在の地域の諸事象そのものを学んでいくことが目的とされており、見学・観察が重視されている。自らが見てきた特徴的な地域の諸事象について、いったいどうなっているのだろうか、その背景にあるものは何か、と考えていける力は、地理的な見方・考え方の重要な一部分となるのではないだろうか。

　ここで、前田氏の指導を手がかりに、筆者なりの仮説（指導方針）を立てた。

> ①要因追究的な単元構想の実践によって、子ども達に地理的見方・考え方が身に付く。
> ②見学後は、再現授業によって事実を正確に見る目を養う。
> ③一枚の資料（写真を含む）を基にして、子ども達自らの考えを広げていくような授業を試みる。
> ④特に、歴史的内容においては、イメージを豊かにするために、文章資料を活用する。

　今回の報告は、明治用水という歴史的内容が含まれた実践が中心である。上記の仮説（指導方針）は、いくつもの実践によって中学年の社会科全体に有効であると考えているが、特に本稿では、地域史学習とその展開過程における指導の吟味を目的とする。

第2項　研究実践までの準備

　子ども達が意欲をもった話し合いの授業をつくりあげるために、明治用水の実践に取り組む前に様々な内容の実践を試みた。3年生の「みそ工場」見学学習、4年生の「ごみのしまつ」、消防団、水防倉庫の学習等である。どの学習内容にあたっても、必ず見学・観察学習を実践し、その後見てきたものの正誤を確かめる話し合い（再現授業）を繰り返し行った。また、見学で特徴的であった場面のスライドを資料として、考えを広げる学習を実践した。次の授業記録は、消防団の倉庫の再現学習後、銀色の防火服が掛けてある場面のスライドを資料として、考えを広げながら話し合っているところである（授業記録2-1参照）。

```
＜授業記録2-1　消防団の銀色の服＞
T：さあ、特に銀色の服がたくさん掛けてあるよね。このスライドを見て、考えたことを話
　　し合ってください。
C：ヘルメットにだいだい色のシールがはってあるでしょう。これはね、反射シールで人の
　　いるところを知らせるためだと思います。
C：銀色の服はシワシワだけど新しく見えます。銀色はきっとアルミ箔か何かがはってあっ
　　て、もえたりとけたりしないためだと思います。
T：先生もみんなと同じように思います。とてもいいことを考え付いたね。
C：銀色の服のとなりに黒いカッパが掛けてあります。これは、洪水とか火事のときに水を
　　かぶってもいいように使うと思います。（後略）
```

第3項　教材開発にあたって

　学習の対象である学区内の明治用水を、くまなく踏査して下調べした。明治用水は全く幸運なことに豊田市内に限って、その多くを地表面に表している。したがって、子ども達の目でその流れを観察できる。さらに、重要なことに、明治用水の本流は、途中で西井筋と中井筋に分流するのであるが、その分岐点が高嶺小学校区に入っていて、あわせて観察することができる。また、明治用水の通水以前の様子をしのぶ目的で、三連水車が復元された。筆者はここを再現授業であつかうことで、歴史的内容に導く糸口になるであろうと考えた。

　その後、安城市大東町にある明治用水会館を訪れ、資料の収集や係官からの聞き取りを実施（1984年9月3日）した。そこで収集したパンフレットや地図類、さらに明治川神社の略誌、『明治用水－地域を開いて一世紀－』（毎日新聞中部本社 1980年刊）等を読んで教材研究を進めていった。

　9月下旬に明治用水の開発の様子が記述されている旧版の社会科副読本『豊田』を入手し、学年の5人の教師で読み合わせを行った。また、県の教育センターに行って、安城市や刈谷市、知立市、岡崎市等の社会科副読本と明治用水に関する実践記録を検索した。それらを持ち帰って、学年で検討していった。さらに、郷土史家であり当時の教育委員会の教育委員であった谷沢義男氏にインタビューした。内容は、明治用水が開かれる前の学区の様子ということであ

る。同様に、学区内の広美集落の古老数名からも聞き取り調査を行い、話を録音して教材研究を行った。

> 　小学校中学年を担任することが2回ほど続いたので、地域学習でこのテーマを繰り返し実践しながら考えてみた。見てきたこと・ものをどんな様子だったか話すことを繰り返すうちに、地域の見学・観察→教室での再現→内容のずれやくい違い、勘違い→再度見学・観察→問題点の解消と新たな問題の発見→再び見学・観察→話し合いと際限なく続く指導過程が自然と出来上がってきた。その背景には、何でも話し合える学級の人間関係と様々な意見を受け止める担任の姿勢という学級経営の基本が必要であることが分かった。

表 2-1　明治用水の実践の単元構成

月日	時間	学習内容	資料
9/11	2	見学	
9/17	0.5	用水と田：再現	TP
9/19	1	水門の所：再現	TP、スライド
9/29	1	三連水車：再現	TP
10/5	1	明治用水の流路	プリント色塗り
10/12	1	用水のゆくえ話し合い	プリント
10/17	1	用水のできる前の様子	（調べ学習）
10/17	1	上記の発表・話し合い	TP
10/24	0.5	調べ学習	TP
10/25	1	なぜ碧海台地で水が不足したか？（話し合い）	TP、谷沢義男氏の話
10/26	0.5	調べ学習	明るい心
10/27	1	都築弥厚の苦労	明るい心「安生が原の水」
10/30	0.5	調べ学習	TP
10/30	1	明治用水の工事の様子(話合い)	TP、広美町古老の話
11/2	0.5	調べ学習	年表づくり
11/2	0.5	調べ学習	明治用水ができてから
11/5	1	明治用水ができてから（話合い）	TP、NHK FM放送

<授業記録2-2　三連水車について>

T：今日は見学で見てきた三連水車のところをもう一度再現してみたいと思います。A男くん絵の説明をしてください。

C：はい、水車は三つあって、どれも明治用水の水の力で回っているように見えました。水車はまだ新しくて勢いよく回っていました。水車の軸のところは石で支えられていて、とてもじょうぶそうでした。

C：ぼくも絵と同じような留め具を見ました。（賛成数人ハンドサイン）

C：三つの水車は同じように回転していた。

C：水の出方は、絵よりももっとたくさんだったと思います（賛成多数）。

C：わたしは、真ん中の水車だけ回るのが少し遅かったと思います。（中略）

C：水車がここにある理由を考えたんだけど、きっと、田に水を送るためにあるんじゃないですか。

C：ぼくは違うと思います。水車の前に看板があったけど、それに昔は水車がたくさんあった、その記念だとかいてありました（賛成数人）。

T：それは先生も見ています。何かの記念だということです。つけたしはないかな？

C：昔、この辺に住んでいた農民が使っていた記念だと思います。粉をひいたり、水を田に送ったり、何かをしていたんだろう。

C：ぼくの姉ちゃんが言っていたんだけど、昔はふみ車というやつで田んぼに水を送っていたんだって。水車と似ていると思う。

T：みんなの考えが、だいぶ昔のこと移ってきたね。みんなが考えたとおり、明治用水はとっても古いものなんだよ。4の5の人たちが昔のことに興味をもってきたので、これからは水車の古いことについて勉強していこうと思います。

第4項　話し合いを続ける過程

　三連水車の再現授業自体二回目だったが、話し合いの前半は、水車の様子に焦点があたっていた。子ども達は本当に細かい水車の動きまで見ていて驚くばかりだった。この辺は、つけたしや賛成が多く、くい違いはほとんど出なかった。同じような意見が延々と続くようなら、教師判断で話題を変えてもいいと考える。この場合は、水車がこの場所に建てられた理由という違う話題が出たために、話の方向性が変わってきたが、いつもそうなるとは限らないので、教

師の出場（でば）を常に考えながら子どもの話を聞くことが必要である。

　実践を構想する当初から、子ども達にどこから歴史的内容に切り込んでいくのか、そのチャンスをねらっていた。子ども達の話し合いの中から自然に歴史的な内容にもっていくには、三連水車のところしかないだろう考えていたが、そのように進んだので、安心した。事前のノートチェックで、昔のことを書いてあるところを見つけると三重マルを付けたり、子どもを大いにほめたりしたが、そのような準備があって、円滑に話し合いの授業が進んだと考えられる。この授業後H男は次のようにノートに書いた。

【授業感想】ふみ車は水があまり流れないところの家で使うと思う。だから、水の流れの大きいところでは水車を使って粉ひきをしたんだろう。ふみ車のことは知らなかったけど、昔の話がでてとてもおもしろかった。

　知的なおもしろさが味わえたということが分かる貴重な感想である。このような成功した授業ばかりではないのであるが、実践しないことには始まらないという感覚で当時はいたという記憶がある。社会科の授業は、ひとり調べと話し合いが交互にくるという授業構成だった。

第5項　授業の話し合いは子どもに任せるのか？

　授業の構成や教師の出場（でば）に指導は必要である。話し合い・追究という子ども主体の授業においても、あくまでも指導するのは教師であり、子どもは教師の指導に従って学習するという関係は維持されなければならない。子どもが見つけた・考えたという形にしても、教師がその背景を把握している状態にしたい。その一例が、次の明治用水の経路学習であった。
　明治用水の建設や都築弥厚の苦労の学習に移る前に、現在の明治用水の経路と範囲を学習したかった私は、子ども達の興味が昔に移行する前に「明

治用水のゆくえ」という授業を組んだ。学級の中には、昔のことに興味を示す児童がかなりの数いたが、ここで経路と範囲を学習しないと、今後後戻りできないという教師判断だった。その辺は子どもの意識を大切にするか、教師のねらいや指導を優先するかで迷うところではある。ただ、学級経営がうまくいっていると、教師の指導を受け入れるのは当然という意識が子どもにあり、すんなりと流れるものである。学級経営というよりも、授業の流れを決めるのは教師であるという意識の定着が子どもにあれば問題ない。常識的には教師にあるのが普通だが、話し合いや追究という観点から授業構想を行う場合、子どもの意識を優先するということがあるので、あえてここで明記した。すべてをこども任せにしないという教師の強い意識や教師が出て指導するという考えは、授業では必要である。子どもの意見を引き出すという観点からあまり教師の指導性を前面に引き出すのはよくないと考えるが、かといってこども任せにするのはよくないという柔軟な構えが必要である。この感覚は言葉で言い表せない子どもと教師の関係である。科学では割り切れないのではないだろうか。

<授業記録2-3　明治用水ができる前の様子>

T：この段面図を見て、ノートに分かったことや思ったことを書いたね。さあ、それを発表していこう。

C：断面図を見ると、矢作川と碧海台地では、とても高い段差があると思う。これではとても矢作川から水をひくことはできないんじゃないかな。

C：安城は矢作川から遠くて高いところにあると思う。
　　これでは農業をする人はとても困るだろう。きっと、安城では前の時間に勉強したように、水が少なくて困っていたんだろうと思います。

T：前の時間の勉強とつなげて発言できたね。すばらしい発言だと思うよ。

C：でもね、畝部小学校のあたりは矢作川より土地が低いよ。あれでは、矢作川が大水の時、水に浸かってしまうと思う。

C：高嶺小学校の周りは、安城にすぐ近くだから、きっと安城と同じように水に困っていたんじゃないかな。

C：明治用水は、水に困っている土地の高いところを選んでひかれたんじゃないかなと思います。

T：やあ、みんなはたった1枚のTPからいろいろなことを予想したり考えたりできたね。その通りだと思うよ。このことについて、上郷町の谷沢義男さんという人がいろいろ教えてくれたから、その話を聞いてみようと思います。(インタビュー録音を聞き取る)。
C：今聞いたテープで言っていたんでは、上郷町や上野町あたりでは水があまっていたし、広美町あたりでは水が不足していたことが分かりました。(後略)

第6項　厳密な意味の一人調べか？

　社会科の場合、根拠となる資料が重要である。写真、グラフ、統計、文章など多岐にわたる。それらを駆使して社会現象を理解していくわけだが、学級で話しあう時は、共通した方が話しやすい。話し合いの参加者に資料の共有がないと話が絡みにくく、相互理解に時間がかることが起きる。そこで、私の社会科実践では資料を1つか2つに絞って、子どもが共通した資料を読み取ることで学習を進めるようにした。話し合いの土台を共有することは、話し合いの能率を高め、教師が授業の主導権を離さない意味において重要だった。これは、正確に言うと、子ども自身の一人調べとは違うという意見がある。一人ひとりが個別の資料で違う課題をもって調べた経験もあるが、なかなか難しい。それは、2つの理由がある。1つは、子どもが理解可能な歴史的資料を捜すことが困難であること。2つには、共通した資料でないと、話し合いの共通の基盤がないため、話がかみ合わなかったり、相互理解がしにくい場合が起こるからである。社会科地理教育という観点からは、共通課題・共通資料が望ましいと考えている。その一例が以下の授業である。

　明治用水を計画・通水させた人物の経緯と工事の様子について学習した。子どもたちは家で明治用水のことを話題にしているのだろう。都築弥厚や伊与田与八郎の名前をすでに知っていた。ただ、名前のみでくわしい経緯について知る子はいなかったので、それについて道徳の副読本『明るい心4年』(愛知県

教育文化振興会）の中の「安城ケ原の水」を資料として学習した。

この文章資料は非常に有効で、子どもたちは私財を投げ打ち、多くの住人たちに反対されながらも、地域のため・人々のためを思い、信念を貫いた人物像に深く感銘を抱いた。そして、明治用水の建設が、一生をかけた大事業であったことを理解した。不撓不屈の精神が今日の明治用水となって自分たちの目の前に表れていることを知り、その当時の工事の困難さに思いをはせた。その話し合いの様子が授業記録2-4である。

このような歴史を伴う学習の場合、または、小学校5年生の社会科で自分の住んでいる地域とは違う産業を学習するような場合、図1-2のではHの期間に当たるが、共通課題・共通資料がいいと考える。この形でも十分に子どもの意見は出るし、話し合いの形は成り立つ。また、授業計画も時間どおり進むので、学級担任としてはやりやすい限りである。この授業の場合、道徳とリンクさせて内容の深化を図ったが、内容によっては理科や国語の教材、算数の内容とかけあわせてもおもしろいと思う。筆者の場合、4年生を4回担任し教える機会を得たが、回を重ねるごとに臨機応変な授業構成を立てることができた。

＜授業記録2-4　明治用水の工事の様子＞

T：さあ、プリントの絵や図を見て、分かったことや思ったことを話し合ってみよう。
C：80kmもの長い用水を機械なしで掘っていたのにはびっくりした。開墾ぐわは重さ4kgもある。きっとものすごく疲れた思う。
C：今のお金で8億5千万円もかかったんだね。ものすごい工事だったと思うよ。
C：頭にかさみたいなものをかぶっているから、これはきっと日射病にならないようにするためだと思う。毎日たくさんの汗を流して働いたんだろう。
C：もっこの木は太いから、肩が痛くなったと思う。くわの持ちても堅そうだ。こんなのを毎日持っていたんだから、病人が出たかもしれない。
T：みんなはいろいろなことを考えることができたね。ところで、当時はただ土を掘っただけの用水だったんだよ。みんなが見学したコンクリートの立派な用水になったのは、ずっと後になってからなんだね。
C：じゃ、用水ができたあとも、いろいろと工事をしてきたんですね。（後略）

第7項　文章資料の活用

　地域の開発単元では、小学生が理解可能な資料を子どもが探してくること、個別資料・個別課題で調べたり話し合ったりすることは、難しい場合があることを前項で述べた。教師が資料を与える場面では、絵やグラフと同時に古くから伝わる文章資料を教師がやさしく書き直すなどの配慮が必要である。明治用水の実践では、授業記録にあるような詩を資料とし、子どものイメージを膨らませるような意見交流を図った。

＜授業記録2-5　安城に伝わる詩から＞
「あの子どこの子安城の子
　　家のとうさの顔知らぬ」
T：さあ、この詩はね、安城の古い農家に伝わるものなんだよ。この詩を読んで、イメージを膨らませてみよう。そして、分かることや疑問に思うことを自由に話してみよう」
　　（イメージを膨らませる時間をとる）
T：さあ、どうだろう。意見が発表できる人から話してみてください。
C：お父さんが昼も夜も水くみに行くので、その子どもが父親の顔を知らないという詩だと思います。
C：きっと、お父さんが忙しくて、顔を見られないんだよね。
C：お父さんは、朝早くから夜遅くまで、田んぼに出ているのかもしれない。
C：昔は安城では、よほど水不足だったのかもしれない。昼も夜も水くみをしているので、家に帰ることができないんじゃないかな。
T：うん、その通りなんだね。その考えでいいと思うよ。TPの絵も参考にして、考えをもっと膨らませてみよう。（OHPを付ける）
C：子どもはお父さんの顔を知らぬままに大きくなってしまうと思います。
C：きっと、水くみでたいへんなんだろうな。・・・・・田んぼ全体に水やりをすると、つかれると思う。
C：井戸に水だけでは足りなくなると思う。
C：溜池に水をためておいて、それを田んぼに炒れたかもしれないと思います。(後略)

　愛知県豊田市では、1965（昭40）年から社会科の副読本を小学校3・4

年生に向けて発行している。前頁の詩は、副読本の中に収められていた詩であり、TP資料に使った絵も同書に載っていたものである。当時はOHPが各教室に1台設置されており、その活用が勧めれていた。ICTとOHPで映し出される資料にさほど違いはないと考えるのは、年配者の僻(ひが)みだろうか。文章資料から、明治用水通水以前の碧海台地の農業の様子を想像する本授業は、授業記録を読む限り成功している。

しかし、このような話し合いが簡単にできるほど授業は甘くない。学級経営と話し合いを作る過程に沿って、繰り返し授業を重ねてきた結果としての授業である。各学校で、特に授業研究が盛んな小学校段階で現職研修として研究が重ねられている。話型の徹底、話し合いのルール、話す・聞くことの練習（簡単な話題で朝の会や帰りの会で全員発言を行う等）、そして、一番大事な話し合いの授業の積み重ねと子ども同士の人間関係があってこそ実現できると考える。また、このような話し合いの取組は、校内現職研修推進委員がリーダーシップをとって、全校の職員で共通理解をした上で取り組まなければ、成果が上がらないことが私の経験から分かった。社会科の教師一人ががんばってもなかなか難しい。基盤となる国語の力、全職員が共通理解して取り組む姿勢、年間を通した授業研究の取組という組織としての取組が必要であると感じている。

全国津々浦々、地域開発単元は小学校4年生の社会科学習として定着してきた。そして、すぐれた実践が数多く生み出されている。あえてその事例を展開したのには、2つの理由がある。1つは、要因追究する単元構想を最も組みやすい単元だと考えることである。現在の地表に見える開発の状況を確認し、いったいだれがどのような理由でこのような開発をしたのだろうか？と考えることで、自然に要因追究が始まる学習である。要因追究などと大げさな言葉を用いなくても、ただ理由を調べたり考えたりするだけで、学習は進んでいく。その際、第2項で述べたように、授業の主導権は教師がもつようにするのがいいと考えてきた。単元によっては、学校

の周りの様子など要因追究の授業が組みにくい場合があるが、できるところでは要因追究に似た単元構想を教師主導で組んで実践を試みることをお勧めする。小学校高学年、中学・高校の総合的な学習や大学のレポート、卒論に生きてくるはずである。

　第2の理由は、地理教育的視点からから歴史教育的視点へと自然に移行できる単元だからである。現在の用水の及ぶ範囲、役割、用水路の様子を調べた後、いつだれが、どのような理由でどのようにして作ったのかを調べたくなる単元である。ここに歴史地理的な見方が入ってくるのは自然な流れである。そして、地域開発を行った郷土の偉人が現れる。その生き方を学ぶことも社会科としては必要であり大切な勉強なのではないだろうか。道徳の副読本が役に立ち、開発当時の社会情勢にも目を向けなければならない。地理教育単独で学習が進むわけではないのである。あくまでも社会科という枠の中で、地理教育的視点あり、歴史教育的視点もあり、生き方という哲学または倫理学的な視点も含まれるのではなかろうか。いわば広い意味での社会科学習が成立し、子どもたちが生き生きと学習する中で、地域を愛するようになれば小学校の社会科は成功なのである。

　私は、この実践記録を書いた当時若かったため、地理教育にこだわる傾向があった。経験を積んで、社会科そのものを理解するようになり、道徳との関連で生き方の追究が楽しくなった。様々な教科が有機的につながり、総合的に一人の子どもの学びを形成していくことが実践的に分かるようになると、地理教育にこだわる必要はないと感じてきた。社会科地理教育という概念は、あくまでも学校教育の中の話であるが、一人の人間を育てることに着目すると、社会科地理教育はあくまでも学校教育の1つにすぎず、注目する教師が多くないことも分かるのである。

第8項　複線型の単元構想との関連

　教師が複線的な単元構想をもつことは重要である。子どもの意識を探りながら、その状況によって臨機応変に次の学習を考えていくという構えは、常にもっていなくてはならないと考える。その構えと要因追究的な単元構想をもつということは、一見矛盾しそうであるが、矛盾ではない。図1-2のSにあたる授業の時期では、教師のものの考え方を説明していくのだから、何も問題ない。HやTの授業では、事前にノートを集めて調べておいても、子どもの予想外の発想や発言があるもので、それをはじめからすべて予想することは難しい。いくつか予想してあらかじめもっていると、子どもの考えに沿った単元構想が組めるので望ましいと考える。しかし、すべてを子どもに任せることはしない。むしろ、Hの授業時期に要因追究的な授業構想を教師が組み、子どもに指導することで、子どもの考えが徐々に要因追究的に変わっていくものである。要は、教師と子どもの綱引きであり、子どもに完全に綱を渡すことはしないという考えである。時には子どもの発想を生かす時があってもいいだろう。しかし、次の授業で話し合うことや調べることを決めるのは本来教師がやるべきである。また、子どもたちが話し合っている内容を教師がまとめ、話の道筋を見つけてやることもある。子どもの調べ意識が高い学級では、このようなことが可能になると考える。Tの授業形態をとる時は、追究意識が高まり、教師の指導を手がかりに話合いが盛り上がることが望ましいと考える。

　私は、勤務校で3回の研究発表を経験し、そのたびに授業研究を繰り返したが、課題にそった話し合いが盛り上がるという授業は、それほど何度も実践できる授業ではなかった。

【実践記録の初出】拙稿（1985）：事実認識から要因追究する単元構想とその展開－小四「明治用水」の実践を通して－，地理学報告 Vol.61（愛知教育大学地理学会），pp.25-34.

社会科実践フォトアルバム①

小4・明治用水と三連水車の見学（1984年）［第2章参照］

小5・三河仏壇の見学（1990年）［第4章参照］

小3・ナシ園の見学（1983年）

第3章　共通問題の設定方法
－小3「商店街」の実践を通して－

第1項　勢いのある授業を作るにはどうすればいいか？

　5年目～10年目あたり（1980年代から90年代初頭にかけて）までは、ひたすら勢いのある社会科の授業をめざしてがんばっていたという記憶がある。若かったためだろう。全員発言をめざしてHやTの授業が多くを占めていた。それは色塗りなどの作業学習が好きな子ども達を視野に入れない授業の繰り返しだったかもしれない。様々な個性をもつ子どもたちにいろいろな学習方法で対応するという配慮に欠けた授業だった可能性があると考えている。しかし、その当時はまだそのような授業が奨励されたり、認められたりした時代だった（いや、現在も研究授業は話し合い聞き合う授業が中心である）。また、社会科の基礎学力とは何かという議論も始まったばかりだったように思われる。ましてや「習得・活用・探究」などの概念は、一切なかった。

　当時、向山洋一氏が主宰する「法則化運動」が若い教師たちに広がり始めた。私も数人の若い教師たちと共にサークルを作り、休日に友人のアパートに集まっては、授業研究レポートの検討会を開いて、討論を重ねていた思い出がある。本章で紹介する小三「商店街」の実践は、そのころの研究授業を行った1つである。第二章とは、記録の形式に違いがあるのはそのためである。

　私は社会科でもっと勢いのある授業を創りたいと考えてきた。子どもの勢いとは、積極的な学習態度で臨んでいる子どもの姿である。具体的には、教師

の指導と子ども達の話し合いが上手にかみ合った授業である。そのような授業を研究授業で何度か見てきたが、私自身で満足に創り上げることはできなかった。その要因を考えると、大きく2つに分けられた。まず、第一に、クラス全体で話し合う共通問題の作り方が分からなかった。第二に、追究過程の授業が長続きしなかった。

　実践に入る前に、私は新たに2つのことを試みた。第一はノート指導である。社会科のノートは縦書きとし、それを事物・その様子・自分の考えと三段に区切って使用するよう指導した。上2段の様子までは記入するよう助言した。第二は、子ども中心に学級の共通問題を設定する手順と原則を考えて決めたことである。

<共通問題設定の手順>
①資料を見て、いろいろな意見を出す。
②教師は意見のずれを意識的に明確にする。
③ずれていることについて、さらに深く話し合う。

<指導する時の原則>
㋐付けたしばかりの時は、教師が「本当かな」と切り返す。
㋑子どもたちの意識が大切なので、意識が集中していると判断したときには、共通問題の文言は教師が提示してもよい。
㋒教師が意図していない意見がはじめのうち出た時は、軽く受け流していく。
㋓教師が意図していない意見でも、子どもたちが非常にこだわったら、その内容で共通問題作りをする。

　上記2つの内容は、子ども中心でありながら、教師が指導するねらいも無理なく盛り込もうとする現場教師の実践的な指導手順と原則である。

第2項　従来の研究

　従来の研究としては、家光大蔵氏の研究[1]が総括的であり、かつ具体例が示されていて優れている。家光氏の論文は実践後に知ったのであるが、その内容が私の指導原則に一致するところが多い。その第一は、子どもからの多様な問題を1時間の授業でまとめきれるものではないということである。第二に、家光氏が醸成と表現する「子どもがある程度の共通基盤（事実認識）に立って物事を考え話し合っている時には、自然と話し合いが盛り上がって学習問題が1つの方向に定まってくる」ということである。第1項で示した指導原則とは、このような話し合いをいかに教師が作り上げるか、そして共通問題としてどう設定するかという問いの答えになっているものとして位置づけることができる。特に、子どもたちの意識が集中していると判断した時、教師が言葉で示してよいとすることには疑問をもつ人もいるかもしれない。つまり、子どもが作ったことにはならないのではないかとする疑問である。これには、低学年や中学年では、問題を十分に意識していても、言葉に出すことができないことがあると指摘したい。教師が提示するか子どもから出るかという形式的な問題ではなしに、子どもたちの意識が1つの方向（共通問題）に向いているかどうかで、その共通問題の可否を判断するのがよいのではないかと考えた。

第3項　実践の概要

　本稿の実践は、表3-1 単元構成表にあるように、学習前後のアンケートを含めて、計35時間を費やした。本実践では、豊田市全域の商店街から3つの典型的な事例を取り上げた。身近な商店街として上郷商店街を、大型店として生協本部店（現メグリア本店）、市の中心商店街として駅前商店街を位置づけた。
　まず、導入として買い物調べを行いその結果をB紙の学区地図に書き入れ

38　第3章　共通問題の設定方法

表 3-1 「豊田市の商店街」の単元構成表（1985 年）

時数	月/日	(曜日)	学習内容	資料
①	9/25	(水)	学習前アンケート	
②③	9/27	(金)	上郷商店街見学	
④	9/30	(月)	再現授業	住宅地図
⑤	10/2	(水)	再現授業	住宅地図
⑥	10/7	(月)	買い物調べ集計	B紙
⑦	10/11	(金)	ノート指導	スライド
⑧	10/14	(月)	課題作り	スライド
⑨	10/15	(火)	ひとりしらべ（個別指導）	
⑩⑪	10/16	(水)	生協本部店見学	
⑫	10/17	(木)	スライドから分かったこと	スライド
⑬	10/23	(水)	街路灯の追究	スライド
⑭	10/25	(金)	チラシを読む（個別指導）	チラシ
⑮	10/28	(月)	チラシを読んで分かったこと	チラシ
⑯	11/1	(金)	上郷商工会のこと	
⑰	11/7	(木)	ひとりしらべ（個別指導）	TP
⑱	11/9	(土)	マルミツの仕入れ先とどけ先	TP
⑲	11/10	(日)	上郷商店街まとめ	
⑳	11/13	(水)	評価テスト	
㉑	11/14	(木)	生協本部店再現授業	B紙
㉒	11/15	(金)	生協本部店再現授業	B紙
㉓	11/18	(月)	生協本部店再現授業	B紙
㉔	11/20	(水)	生協本部店再現授業	B紙
㉕	11/22	(金)	生協本部店再現授業	B紙
㉖	11/27	(水)	生協本部店追究	スライド
㉗	11/27	(水)	生協本部店追究	スライド
㉘	11/29	(金)	生協本部店追究	スライド
㉙	11/30	(土)	生協本部店追究	スライド
㉚	12/4	(水)	駅前商店街追究	スライド
㉛	12/6	(金)	駅前商店街追究	スライド
㉜	12/11	(木)	駅前商店街追究	スライド
㉝	12/13	(金)	豊田市の商店街	TP
㉞	12/16	(月)	評価テスト	
㉟	12/19	(木)	学習後アンケート	

【備考】・⑱の「マルミツ」とは、子どもがよく買い物をする学区内の文房具店の名前である。
　　　⑲の 11/10（日）は、学芸会当日であり、子どもたちは自らの出番以外は月曜日課で授業を受けていた。
　　・買い物調べは、9/18（水）～9/24（火）に個人カードで行った。この作業は家庭学習とした。

た。集計した結果、食品や文房具など小さい買い物は学区内の商店でもできるが、贈り物や電気製品等は大型店や駅前商店街、岡崎市康生通り商店街、安城市などで買うことが多いことが分かった。表3-1の⑬から⑱までは上郷商店会の追究の授業である。街路灯の追究から始まったこの過程は、商店街のチラシを読むことから上郷商工会とは何かという問題にまで発展した。そして、それを子どもなりに納得するところで終わる。マルミツ（文房具店）の仕入れ先と品物のとどけ先をTP資料から読みとる授業で、身近な商店でも東京や大阪とつながりがあることが判明する。

　上郷商店会のようなていねいな追究の授業を生協本部店や駅前商店街でもしたかったのであるが、時間数の関係でその授業形態を変更した。つまり、1枚の特徴的なスライドを教師が提示して、それを指導された書き方でノートに記入する。それを基に話し合うが、その時間におきた疑問はできる限り時間内に解決するという方法だった。生協本部店と駅前商店街は学区外なので、3年生の子どもたちが自由に自分たちで調べに行けないという制約があって、やむを得ない措置だった。

　このように生協本部店と駅前商店街の授業は、本格的な追究の授業には至らない形で終えることになった。そのあとで㉝豊田市の商店街という一般化を図る授業を行った。これは、家光氏だけでなく、朝倉隆太郎氏[2)]や森分孝治氏[3)]も指摘していることであるが、「いかに」説明として事象を詳しく説明していくための学習問題や追究の授業だけの授業構成では、結局のところ物知り社会科に終わってしまう。適宜一般化を図ったり、「なぜ」説明をしていく授業を取り入れる必要があると考えた。具体的には㉝では、豊田市の白地図に商店の分布図や人口のドット図を重ねあわせてTPの図を読み取ることとした。豊田市では、岡多線（現愛知環状鉄道）と名鉄三河線と主要道路が集まる挙母地区に大きな駅前商店街が発達している。また、人口も同地区に一番多く分布している。この点を子どもたちの発言により確認した上で、岡崎市や名古屋市でも同様であることを教師の言葉で教えておいた。

第4項　共通問題作りの授業分析

＜授業記録3-1　本時の授業の流れ　1985年10月14日（月）第3校時＞

指示1　この前見学をしたね。そして、住宅地図に色塗りした。・・・（中略）相談してください。

発問1　終わった人は鉛筆と筆箱をしまって、・・・・（中略）・・・発表しよう。
・駐車禁止の道路標識がある。きっと道路が狭いから駐車してはいけないんだ。
・街路灯は暗いところを明るくするもので、（道を：注T）明るく教えてくれる。
・夜開いているお店に買いに行った人が、危ないから街路灯がある。
・街路灯は夜になるとお店の人がつけると思う。
・スイッチで付けるのではなく、暗くなるとひとりでにつくと思う。(他発言14)

指示2　ちょっとね、はっきりさせてみよう。・・・（中略）・・・相談しよう。

発問2　今相談した内容ならどんなことでもいいから話し合ってみよう。
・私の家の前のふれあい広場の街路灯は、夕方ごろ自動的についた。
・僕の家の前の街路灯は、夕方付かないで7時ごろ付く。（反対意見多数）
・鹿児島のおばあちゃんの家の近くでは、ボタン式になっていた。
・私は夕方ぐらいに付いたのを見たことがある。(他発言4)

発問3　いったいだれが付けるの？
・中部電力の人が、6時ごろボタンを押してつけると思うよ。
・街路灯はそれぞれ付く時間が違っていると思う。
・近くの電気屋が付けると思う。

発問4　みんなもう一度スライドを見てほしい。証拠をあげて言おう。
・街路灯は電線につながっている。
・家の近くに2つあるけど、1つは4時半、もう1つは6時ごろ付く。
・支え棒に箱があって、それが電信棒から引っ張ってあって、自動的に電気を付ける。
・中部電力からすごく離れた所にある街路灯は面倒くさいと思う。

指示3　（前略）課題を「いつだれが、街路灯を付けるのか？」にします。（後略）
・Aコープの近くに、品物がよく売れるように旗が立ててある。(他発言2)

指示4　時間がきたので、この続きは次に話し合うことにします。これで終わります。

備考　指示や発問の全内容は、本文にまとめたので、参照のこと。
　　　・は子どもの主要な発言内容である。教師が指名する言葉は省いた。

　上記の授業記録は、共通問題作りの授業の流れを示すものである。以下順を追って、発問や指示を確認しながら、授業を分析していきたい。

指示1　この前見学したね。そして、住宅地図に色塗りをした。その後で

スライドを見てノートにいろいろ書いた。今日はそのことを勉強しよう。発表して話し合ってみよう。まず、小さい声で隣の人と相談してみてください（3分間とる）。

発問1　終わった人は鉛筆、ふで箱をしまって、このスライドを見て、何がどんな様子で、それを見てどんなことを思ったか話し合ってみよう。

　道路標識についての発言の後、街路灯に関する発言が4つ続いた。ここでは街路灯に関する様々な考えが出され、その間にずれが見えてきた。子どもたちの街路灯に関する反応が大きいため、私の最初の意図に反して街路灯で話し合ってみようと判断した。私のクラスでは日常の授業実践で、1つの内容についてかなりの程度まで話し込むくせがついていた。内容的に貧弱であれば話し合いは自然と続かなくなるが、街路灯に関してはその後も続いていた。これは子ども達の挙手（ハンドサイン）で判断できた（指導原則㋖）。

指示2　ちょっとね、はっきりさせてみよう。街路灯は夜つくか夕方つくのか。自動的につくのか、だれかがつけるのか。同じ人ばかりの意見じゃなくて、他の人の意見も聞きたいので、周りの人と相談してみてください（3分間とる）。

発問2　今相談したことや思いついたことでいいから、話し合ってみよう。

　ある女子の発言は2人の男子発言に反対したもので、それがまことに意を尽くすのでクラス全体が考え込んでしまった。そこで、よりずれを明確にし問題作りを容易にするために、上記のような発問と時間をとった。この後に8つ発言が続いたが、どれもクラス全体が納得する程の証拠をあげた明確な発言ではなかった。ますますずれが深まる様子であったので、次の発問をした。

> 発問3　いったいだれがつけるの？

　近くの電気屋の人2人、中部電力の人が6時ごろボタンを押してつける1人、街路灯はそれぞれつく時間が違っていると思う1人、という反応だった。

> 発問4　みんなもう一度スライドを見てください。証拠をあげて言ってみよう。

　街路灯は電線につながっている、ささえぼうに箱があって、それが電しん棒から引っ張ってあって自動的に電気をつける、という意見がでた。しかし、クラスの多くは納得しない。考え込んでしまった。この段階では、クラス全体が街路灯について意識を集中させている。そして、調べに行かない限りこれ以上は明確な答えが出てこないという段階になったと判断した。

> 指示3　みんな意見がだいぶ出た。でも、街路灯のことはまだはっきりしないね。だから、課題を「いつだれが街路灯をつけるのか？」にします。それでは別のことで発表してください。

　この後大売出しの旗のことで意見が3つでた。私が授業前に構想していた内容だった。

> 指示4　さあ〜て、みんなの意見をもっと聞きたいが時間がきた。続きはこの次に話し合おう。街路灯のことは家に帰って調べてみてください。

　この時間の授業はこれで終わったわけであるが、街路灯について課題を設定した結果は私自身としては半ば意外だった。街路灯についても事前に予想はしていたが、事前のノート点検はわずかに2名が記録していただけであったからだ。その表現も「何のために街路灯があるのか？」というものだった。「だれ

がいつつけるのか？」という共通問題の提示は、今回の授業実践で最もずれたり対立した内容であった。子ども達の話し合いを授業の中心にもってくる場合の難しさを痛感した。

第5項　研究協議会で話し合われたこと

　前項の本時は学年部（3・4年生）の現職教育における授業研究の時間だった。そのため、授業後研究協議会をもった。そこで話し合われた内容としては、第一に授業中の教師発問である。「いっただれがつけるの？」「みんなもう一度スライドを見てください。証拠をあげて言ってみよう。」という発問は、授業の流れから見て、もっと前でよかったのではないかとする意見だった。この発問の段階で私の頭の中には本時の共通問題があったのであるが、もっと早い段階でも十分に共通問題となりうるという考えも否定できない。ここに筆者の仮説の基準のあいまいさがある。私は念を押した方がよいとする考えであった。子ども達の話し合いだから定規で測ったようにはならないが、ある程度の目安としての基準は示す必要がった。

　さらに、授業前の調査ではジュース類の自動販売機に注目している子19人、大売出しの旗に注目している子21人となっている。なぜ、自動販売機や大売出しの旗について共通問題を設定するように授業を組織していかなかったのかという疑問が出された。確かに事前のノート点検では、街路灯に注目している子は2人しかいなかった。だが、街路灯に焦点を絞っていく過程には、前項で分析したように、子どもたちの反応の違いがある。そして、その背景としては指導目標との関連があったのである。つまり、本単元では商店街としての販売の工夫や協力が指導の大きな目標としてあがっている。その際教師として、アーケードや街路灯のような商店街としての特色ある事象に子ども達を注目させてみたいとする意図があった。ジュースの自販機に注目されたのでは、残念ながら授業の見通しは立ちにくい。それでも子ども達の多くが話し合いでジュースの自販機にこだわったならば、それで共通問題作りをしようと思って

いた。しかし、授業では街路灯で話が盛り上がった。自販機や大売出しの旗にまで話し合いが進まなかったというのが実情である。いくら事前のノート点検をしても、点検どおりに子どもたちが意見を出すとは限らない。また、話し合いの過程で考えを変えることは十分にあり得ることである。したがって、その時の教師判断が重要である。

第6項　追究過程での検証－Ｕ子を追って－

> 当時、愛教大附属岡崎小学校の研究発表の授業を参観したり、出版物を読んでいて、研究実践の検証は、特定の児童の様子を克明に追うことでできると考えていた。本章の実践記録部分はその考えを基に書かれている。しかし、松井貞雄教授に手紙でお聞きしたり、社会科副読本作成のための出張先で松井教授に話を聞く機会があって考えていくと、そこまでしなくてもいいように思えてきた。「水野君、実践記録でいいんだよ。論文なんて肩肘を張って考えずに、記録を積み上げなさい。」松井教授の声が今にも聞こえてきそうな気がする。その意味で、これでいいのか、ここまで書かなくてもいいのか、分からなかったが、当時はここまで書いてみたということを断っておきたい。

(1)「発表したい」と書くＵ子

　前項のような過程を経て作り出された共通問題は果たして有効であったのか。その検証を追究過程の子どもの様子から行いたい。その際Ｕ子に注目する。Ｕ子は普段からどの教科でも発言の非常に少ない子である。やさしい性格で、放課になれば友人とよくしゃべるのでクラスのだれからも好かれている。特に字がていねいで落ち着いて話が聞ける子であるが、話し合いでは消極的である。

　私がこのクラスを担任した当初は話し合いで発言する子はわずかに２～３人であった。社会科で話し合いをするのが初めての子が大半だった。さらに、間

第6項　追究過程での検証－Ｕ子を追って－　45

違うことを非常にかっこ悪く感じたり、恥ずかしく思う子が大半だった。このような状態では自ら追究して学ぶ姿勢の第一歩を踏み出せなくなってしまう。授業づくりは、まず50％発言から始まった。その方法として、下のような指導方針を立てて、半年間話し合い学習を続けてきた。その結果、ほぼ50％の子どもが発言する状態に高まってきた。

　それでもＵ子を含めた数人の子は黙々とノートをとり続けるだけで、話し合いに参加しようとはしなかった。ここで無理に発言させるのではなくごく自然にＵ子が話し合いに参加できるような授業を作りたいと思った。積極的な学習の充実感をＵ子に感じさせてみたいと考えた。

①どのような考えでも認めていく。 ②間違いと分かっても、決して笑わずに子ども同士で教え合うように　指導する。 ③個の考えに自信がもてるように、個別指導の時間を作り、支援する。	同じものばかり言うから、ほかのものもたくさんやった方がいいと思います。あまり発表できないから、発表したいと思います。（10月14日）

（2）ノートに1ページ調べてきたＵ子

　10月23日に街路灯のことを深く追究する授業を試みた。Ｕ子はノートに1ページにわたって街路灯のことを調べてきた。街路灯は自動的に夕方5時くらいにつくと思うということが書かれていた。絵入りで街路灯の意味についても書かれていた。授業前によく調べてきたことをほめ、思い切り発表するように励ました。

　授業は街路灯が付く時刻の話から始まって、次第にスイッチが自動的に入るという結論に達した。そして、街

＜授業記録3-2の要約＞
Ｋ子：夕方5時ごろついた。
Ｔ子：私が見たのは夕方6時ごろでした。
Ｈ男：季節によって、場所によって時刻が違うようだ。
Ｍ男：電柱の上に箱があって、機械がついている。その機械が自動的にスイッチを入れるようになっている（TPの絵を見せながら）
Ｓ子：字の人が工夫して作った。
Ｔ　：字の人って、だれですか？
Ｔ男：字は上郷町と書いてある。
Ｄ男：街路灯についている字は、上郷発展会と書いてあります。

路灯の明りが取り付けてある名前入りの電灯には「上郷発展会」と書かれている事実に子どもたちは注目し始めた。私もよいところに注目したと考え、大いにほめた。追究していく対象が自然に移っていくのが分かった。しかし、U子は発表しなかった。友人の話を注意深く聞いてノートをとるだけであった。私はU子に対してしっかり話が聞けたことをほめるべきであった。だが、授業後それには気づかず、ほめないまま時間が過ぎた。

(3)「分からない」というU子

　10月23日の授業がクラス全体としては成功したと思い込んでいた私は、上郷発展会や上郷商工会の内容にまで発展して追究させてみたいと考えた。そこで、家庭学習で上郷商工会のことを調べてくるように宿題を出した。だが、この課題は3年生の子にとって難しかった。F子のようにていねいに話しを聞いてくるような子もいるが、大半の子は親から通り一ぺんのことしか聞いて来られなかった。全く調べてこない子もいた。夏休み中に行った私の教材研究でも、上郷商店会や上郷発展会の内容は高度であることが分かっていた。また、それらを理解するに十分な資料がなかった。したがって、ここに話し合いが進んだ時、私はどう進めればいいか分からなくなった。私は、正直に学年の先生方に相談した。そうしたら、よいアドバイスを得た。中元大売出しの古いビラがあった。それを資料として提示し、話し合いを進めていくというものだった。その過程で、上郷発展会の仕事の内容にまで子どもたちの認識を高めていきたいと考えた。10月25日にチラシを印刷して配り、その読み取りの時間を設けた。授業前には、10分間の読みとりで話し合いに入れると考えていたが小学校3年生の子どもたちはチラシを読むことに慣れていなかった。そこで、急拠個別指導に切り替えて一人ひとりに支援を行った。

　10月28日には、そのチラシを読んで分かったことの話し合いを行った。さらに続けて、11月1日に上郷商工会のことをもう一度考え直す時間とした。次頁はその授業記録の要約である。子どもたちは、M子の発言を契機として、再度街路灯にかかわる発言を繰り返した。上郷商工会の仕事そのものを話し合う私の構想から大きくはずれる結果となった。発言の中身では日ごろ目にして

> <11月1日授業記録3-2の要約>
> T子：商店の集まりだと思う。
> D男：商工会ができて、25年になります。
> S子：上郷地区の人が集まってつくった組合のようなものだと思う。
> M子：商工会の人たちがお金を出し合って街路灯を作った。それが分かるように、名前入りかんばんを付けたのだと分かりました。
> U男：25年もたつとボロボロになるかもしれない。けど、見学した街路灯は新しかった。
> S男：つけたし。ぬりかえたり電球を取り替えたりしていると思います。

いる街路灯とはいえ、十分な根拠のない発言も交じっている。街路灯だけでなく、スタンプやサービス会のことについての発言もあったが、十分に深まらなかった。

　この事実をどう考えたらいいのだろうか。一面で見れば、共通問題の設定が生きている証左となろう。つまり、子どもたちは上郷商工会の話をしていても、つい街路灯にこだわってしまうわけである。しかし、一方で子ども達は連続する追究課題を十分に認識していない証左となる。学習の目標である上郷商店会の役割のことに話が及ばないのは実に歯がゆい。これは私の実践上の大きな課題である。

　さらに、残念なことに、U子の活動が止まってしまった。授業の始めのうちは自分が準備していた内容を基に話し合うのであるが、話し合いが進むにつれて、思いつきやその場の考えが入り込んでくる。本時の追究の時間でも有効な資料を提示できなかったし、発問も有効でなかった。それで、その場の考えを話し合う時間が長く続いた。この点がU子たちを話し合いから遠ざける結果になったのだろう。意欲を失ったU子はノートをとらず、ただ、ぼんやりと友人の意見を聞くだけになった。

　放課に、U子になぜやる気を失ったかを聞いてみた。そうすると「分からなかった」と答えた。どうやら高度な内容を持ち込みすぎてしまったらしい。また、有効な資料や発問を欠いたので、単に難しい話とU子は感じたのだろう。子どもたちは、だから街路灯に話を移したのかもしれない。ここでU子が意欲を失ってしまったことが残念でならなかった。

(4)「生協の一階には、食料品売り場があります。」－Ｕ子

　共通問題の設定方法にある程度成功したものの、その後の追究過程でギクシャクした学習を展開した本単元で 20 時間を使ってしまった。当初の構想では同様な学習を生協本部店と駅前商店街でも実施するつもりだった。だが、時間的な制約で難しいことがはっきりした。そこで、再現学習と自作スライド資料による特色の把握という学習に、その予定を変更して時間短縮を図った。

　生協本部店は、百貨店と専門店が 3 階建てのビルに組み込まれている大型店である。ここの再現授業では、何階にどんな売り場や専門店があったかという発問で、確認の授業を繰り返した。事実確認をより確かなものにし、集団の事実認識をすり合わせるために、見学後必ず行っている授業である。生協本部店は、子どもが大人の買い物に連れられて行くなじみのある大型店だった。そのため、見学しなくてもどこになにがあるか、およそ見当がつく子が多かった。2 年生の商店の学習（当時は社会科。生活科はまだ始まっていない：筆者注）と大きく変わらない危険性はあるが、ねらいは高く、確認の量も非常に多い。

　この学習に入ってほとんどの子が挙手し発言するという状態になった。特筆すべきは、Ｕ子が元気よく発言したことである。前項の意欲を失ったＵ子とは全く違った様子である。Ｕ子は買い物をしに母親とよく行くという。この時も不明な点を確かめるために母親にねだって生協本部店へ連れて行ってもらったと日記に書いていた。算数でも同様なことが時たま起こるが、子どもはよく知っていること、慣れ親しんでいることに対して自信をもつ。Ｕ子の変化もその表れであると考えた。また、内容が非常に具体的であるので、考えやすいというメリットもある。Ｕ子のような子は未知の学習に対して受け身の姿勢をとることが多い。既習したことを確実に身に付けていく型の子である。Ｕ子はよく知っている生協本部店内部の売り場について、自信をもって発言したのである。私はＵ子のような子に対して、楽に越えられる課題と共に、ほんの少し考えさせる適切な課題も必要であると考えた。

　そのような意味で、一枚の写真から事実を見出す学習（表 3-1 ㉖〜㉜）は適切であると考えた。だが、Ｕ子はその学習に対してまた元のような受け身の学習姿勢にもどった。自ら積極的に発言することはなかった。クラス全体として

は、生協本部店も駅前商店街の追究の授業はほぼうまくいった（50％発言を維持できた）と思うが、個をとらえると、十分でない状態が現れてくる。残念ながら、この実践を通してＵ子が育ったとは言い難い。

　教育実践の評価の難しさは、この点に表れる。40人の子どもたちはだれ一人として同じではない。だから、厳密にいうならば、子ども一人ひとりに適切な課題があると言えよう。しかし、実際の授業では、ある程度のところでなるべく多くの子が参加できるような課題や発問を考えていかなくては、集団による授業はできない。また、50％発言にこだわりすぎて、Ｕ子のような子を見落とすことがあってはならない。厳密な意味で、個を評価することも実践自体を評価することも容易ではない。

第7項　まとめにかえて

　本稿では、前半部分で学級集団が共通して取り組む問題を子どもたちが積極的に見出していく方法の検討を行った。家光大蔵氏も主張するように、子どもたちの意識が1つのことがらに高まった段階では、それを教師が問題として提示しても十分に有効であることが検証できた。

　後半部分では、追究過程における授業でＵ子の学習姿勢を取り上げて、共通問題の有効性を確かめていた。Ｕ子の学習姿勢を追うと必ずしも追究過程が十分でない面が浮き彫りにされた。Ｕ子のような受け身の学習が身に付いている子どもを、積極的な学習姿勢に変えようとする願いはどの教師にもあるが、そう一朝一夕にできるものではない。それは、次時の学習問題に移る過程とそのメカニズムが不明であることと関連がある。40人の子どもの個々の個性と関連する複雑な問題である。授業が様々な子の個性と話し合い・調べる・考える・比べるという多次元的な段階でのからみ合った中で進行していく以上、その刻々に変化する雰囲気を敏感に察知し、なごやかにかつ厳しく追究の授業を組織していくことは非常にむずかしいと改めて痛感した。今後は、本研究を基礎として、どの子にとっても楽しく学びがいのある追究の授業をめざして、さ

らに授業実践を深めていきたい。

　この実践記録の付記の中で以下のように記した。

「U子は10月に実践した「ごんぎつね」の心情読みとり（国語）では、非常にはりきって話し合いに参加した。両親学級のとき、父母の目前で四回も発言する姿勢に変わってきた。」第1章第5項で述べた「実践方法の児童への定着の時間の必要性」は、児童個々の個性と関連して様々である。U子の場合は私の授業スタイルに慣れるのに、約半年かかったわけである。能力的には高くても、慎重でじっくり考えるタイプの児童であったと、後になって自分なりに分かった。まだまだ教師として半人前の自分が目に浮かぶようである。

【実践記録初出】拙稿(1988)：地域学習における共通問題の設定方法とその検証－小3「商店街」の実践を通して－，地理学報告 Vol.66（愛知教育大学地理学会），pp.12-21.

注および参考文献

1) 家光大蔵（1985）：学習問題はこうしてつくる，教育科学社会科教育 NO.268，pp.120-125．このテーマは1986年の同書 NO.280 まで続いて掲載された。
2) 朝倉隆太郎（1978）：「なぜ」の前に「どのように」を強調したい，教育科学社会科教育 No.171，pp.5-10.
3) 森分孝治（1984）：『現代社会科授業理論』明治図書，pp.1-334.

第4章　実践三河仏壇における地理教育的視点
－小5「三河仏壇」の実践を通して－

　1980年代後半から1990年代前半にかけて、小学校高学年を繰り返し担任するようになった。5年生の社会科は国内の様々な産業の様子を学習する内容であるために、個々の産業の全体像の理解が難しい面がある。第一次産業、第二次産業、第三次産業それぞれの言葉の意味も難しいが、それぞれの産業の様態を具体的に理解することは、教科書と資料集だけでは難しく、授業がしにくい教科の1つとなる。実際に対象となる仕事を見学したり、映像資料等をつかったりして、子ども達の理解を支援できればいいが、当時の小学校では地図や年表はあっても、資料映像などはそろっていなくて、苦労した覚えがある。何か、学校の近くで実物を見ながら学習することはできないかと探していたら、勤務校から歩いて5分のところに前田仏壇店があり、店先から仏壇を組み立てたり洗ったりする仕事がみられることが分かった。また、店の看板には「伝統的工芸品指定」の文字が明示されており、三河地方一帯に「三河仏壇」として数多くの職人さんたちが仕事をしていることが分かった。自動車部品工場の見学はできて1回のみ、下手すると安全を理由に断られることもあったが、地域に根差した仏壇店なら見せてもらえるだろうと考え、事前の打ち合わせを経て見学を行った。一部の子ども達の通学路にあたっており、学校の行き帰りに店先から仕事の様子を眺めることができる好位置にあたっていたので、これを逃す手はないと思い、一生懸命に取り組んだ実践だった。

第1項　はじめに

　小学校5年生を初めて担任して、特に社会科で中学年（3・4年生）の地域学習とのかなりの違いを感じた。週3時間の中で非常に多くの内容を網羅して教えなければならないため、ややもすると教科書に出てくる難解語句の説明で1時間が終わりがちになった。時として国語の教科書よりも難しい語句があり、説明的文章が延々と続く社会科の教科書を子ども達は敬遠しがちになった。

　だが、1学期の農業、漁業、2学期の近代工業、伝統工業と続く内容は、主に経済地理学の担当分野である。自分が大学で学んだことを生かすのに最適の内容である。そこで、夏休み頃から準備した結果、伝統工業を事例として地理学の視点を導入しながら実践を工夫してみようと考えた。地理学の視点とは、小学校5年生の発達段階や地理的見方・考え方の定義[1]を考慮しながら、以下のように考えた。

---

①分布図の読みとりから伝統工業の地域的なまとまりを理解する。
②事実認識から「なぜだろう」という疑問をもち、その要因を追究するような単元構成とする。
③要因追究の際、自然条件や歴史的な背景に子ども達が気付くように指導する。

　これらの考えを固めた上で、従来の研究を調べてみた。森　泰[2]、安彦忠彦・杉浦一仁[3]、林　和広[4]、山上康男[5]、柴田和司[6]各氏の教育論文を読んだが、どれも上記の地理教育的視点という観点から満足いくものではなかった。寺田喜男[7]は越後上布を素材として、緻密な準備と深い教材研究の上に実践を行った。特に、分布図、年表を資料として地域的なまとまりと歴史的な背景を追究した点で高く評価できる。伊藤裕康[8]は豊橋筆を素材として、子ども達が楽しく意欲的に学習する手立てを追究した。寺田実践と同様に自作副読本を作成する程深い教材研究を行い、筆づくりの歴史年表を書くという作業を実践の上で取り入れた点で高く評価できる。実践的に非常に優れた内容となっているが、

地理教育的視点に重点が置かれていない点が惜しまれる。

さて、本実践で取り上げた三河仏壇は、昭和51年12月15日に伝統的工芸品産業の振興に関する法律によって伝統的工芸品の指定を受けたものである。この指定を受けるために以下の6つの要件[9]が必要である。

> i 熟練した技、芸術的要素を備えたもの。
> ii 主として日常生活用に供されるもの。
> iii 製造過程の主要部分が手工業的である。
> iv 100年以上の歴史を有する伝統的技術または技法によって製造されるもの。
> v 伝統的に使用されてきた原材料を使用する。
> vi 一定の地域で産地形成をしている。10企業以上または30人以上の従業者がいること。

以上の中で、iv、v、viはまさに本稿の地理教育的視点と一致する。したがって、目賀田八郎[10]も指摘するように「伝産法」によって指定された伝統工芸品を素材として授業を構成していくことが適当である。しかしながら、従来の研究を顧みると、そのような吟味は全くなく地理教育的視点も十分に取り入れられたとは言い難い。このような理由から本稿は、伝統的工芸品三河仏壇を素材として、小学校5年生社会科の授業に地理教育的視点を取り入れた実践の報告を目的とする。

なお、三河仏壇については1985年度で187事業所536人の従業者が、岡崎市、西尾市、知立市、安城市、豊田市を中心に、三河地方全域に存在している。だが、工業地理学から三河仏壇を取り上げた研究は筆者の調べた限り皆無であった。そこで、三河仏壇と交流のある名古屋仏壇について宮川泰夫、森清美[11]、彦根仏壇について内田秀雄、宮川泰夫[12]、飯山仏壇について金田昌司[13]、岡崎市の伝統工業・石製品ついて松井貞雄[14]、各氏の論文を読み、教材研究をした。さらに、筆者の勤務する豊田市立高嶺小学校区内に唯一営業する前田仏壇店に行って、店主前田保好氏から様々な聞き取りを行い、三河仏壇

の組合員名簿の資料も閲覧させていただいた。ただ、三河地方全域に分布する仏壇職人の実態調査をするには至らず、自作副読本もできなかった。このように時間的資料的制約の中、研究実践を行った。

第2項 実践の概要

本単元の目標を次のようにたてた。

・三河仏壇の見学および新聞記事等資料の読みとりから、三河仏壇の工程を理解する。
・工程別職人の分布図および三河仏壇の形成年表の読みとりにより、その地域的なまとまりと歴史的な古さが理解できる。
・全国の伝統工業の分布図および統計資料の読みとりにより、三河仏壇を含め全国には多くの伝統工業が分布すること、そして伝統工業には共通したなやみがあることが理解できる。

11月24日3校時に前田仏壇店を見学した。当日は、組み立て中の仏壇や未完成の彫刻[15]を直に見学し、未知のものに接した喜びや驚きを素直に表していた。というのは、40人の子のうち、仏壇が自宅にあるのはわずかに13人であったからだ。本校はトヨタ自動車およびその関連会社の工場に勤務する家庭の子が7割を占める大きな新興住宅地を抱えている。それで、豊田市以外の他府県・市町村出身者の核家族で仏壇を持たない家庭が非常に多い。帰省等で見たことはあっても、ほとんど関心を寄せてこなかった事情があった。しかし、見学時に子ども達は、彫刻のすばらしさや金箔の豪華さに興味をもち、様々な質問を前田さん寄せていた。

ここで見学から学習に入る意味を検討しておきたい。見学の前に様々な話し合いや指導をする実践例はあり、それはそれで意味あることだと考えている。しかし、本物を直接見る、実際に作業しているところを生で見学する感動・興

表 4-1　実践三河仏壇の単元構成表

時数	日　　時	資　　料	授　業　内　容
1	11/24（火）3校時		前田仏壇店見学
2	11/26（木）4校時	TP（＊）スライド	見学をして見つけたこと＊工程図
3	11/30（月）5校時	スライド、新聞記事	八職について一人調べ
4	12/2（水）5校時	スライド、新聞記事	八職について話し合い
5	12/4（金）3校時	TP（分布図）	三河仏壇の職人の分布について
6	12/11（金）3校時	TP（年表）	三河仏壇の歴史について
7	12/15（火）4校時	地図帳4	全国の伝統工業の分布について
8	12/21（月）4校時	TP（グラフ）	伝統工業のなやみについて
9	12/23（水）3校時		前田さんにお礼の手紙を書こう。（評価）

味というのは、事前の指導なしの方が大きいと考えた。むしろ余分な予備知識がない方が、子ども達は自らの素直な感覚で未知のものに接することができ、衝撃が大きい分だけ後の事実確認の話し合いでは積極的な発言が可能となるだろう。このような理由から、3年生の地域学習を出発点として5年生の現在[16]まで直接見学で単元に入る指導形態をとってきた。なお、見学時に教師は三河仏壇の説明を一切していない。

　このようにして見学を終えた後、11月26日4校時にTPとスライドを使って、事実確認の話合いを行った。これは店内を写したスライドを見て、その中の物・様子・考えをノートに記録し話し合う授業である。賞状、金箔、仏壇、材料、値段等を確認した後事前に用意した主発問を行った。「なぜ、仏壇はこんなに高いのだろうか」見学時に数人の児童がささやいていた内容である。テレビぐらいの大きさの仏壇で30万円、店の奥に飾ってある一番大きい仏壇は1300万円を超えていた。そのため、この発問は見学した子ども達全員の疑問であった。この発問に対して、ていねいに・・・・・手作りだから・・・・・1年もかけて作るから・・・・・たくさん金箔を使っているから・・・・・と見学時に得た知識を総動員して子ども達は答えてきた。多くの子が発言した授業となった。最後に三河仏壇の八職（はっしき）の工程が値段に関係している事実をTPで教師が説明して授業を終えた。

11月30日5校時には、1987年11月22日付朝日新聞第6面に載った知立市A社の三河仏壇広告記事と前田仏壇店から借りてきた資料を接写したスライドを基にして、八職についての一人調べをした。始めは一人調べに1時間も使うつもりはなかった。だが、5年生の漢字力では新聞の広告記事を読みこなすことが容易でないため、漢和辞典を引き引き1時間が過ぎたという事情である。個人差はあっても皆一生懸命に読み、ノートにまとめていた。八職とは図4-1からも分かるように、仏壇の完成までにかかる八種類の職人をさしている。どれも習熟するのに10年以上はかかる難しい技術だが、それを子ども達がいかに実感するかが重要であった。今回の実践では、見学と一人調べでその実感が得られるように配慮した。

12月2日5校時には、彫刻と蒔絵の2枚のスライドを見て、その仕事の様子を話し合った。その後、広告記事から分かったことや考えを話し合った。この授業は前時に一人調べをしていたにもかかわらず話合いが盛り上がらなかった。原因としては、広告記事が予想外に難しく、子ども達が十分

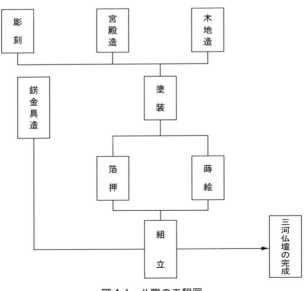

図4-1　八職の工程図

第2項　実践の概要　57

に読み取れなかったこと、それと2種類のスライドだけでは八職のイメージが十分にふくらまなかったことがあげられる。資料的にもう一工夫すべきであった。

　12月4日3校時「三河仏壇の職人の分布について」と12月11日3校時「三河仏壇の歴史について」の授業については、次項で詳述する。

　12月15日3校時には、東京書籍昭和62年発行『新編　新しい社会科地図』(39～40ページ) 各種伝統工業の全国の分布図と手作業の写真を資料として、全国の伝統工業の分布について話し合った。この段階で全国の伝統工業に学習内容を移すことには無理があると思われたが、学期末が迫っておりやむを得なかった[17]。しかし、この授業では意欲的な発言がかなり見られた。以下は、発言の一部である。

＜授業記録4-1　全国の伝統工業の分布＞
○場所は北海道で、様子は織物しか作っていないです。
○北海道は土地が広いのに1つしか作っていない。
○北海道から近畿地方にかけて主に織物をたくさん作っている。寒い地方は陶磁器などをよく作るけれど、中部地方から暖かい地方にかけては織物をよく作っている。
○場所は、平取、小千谷、米沢、伊勢崎、塩沢、

　　指示3：今Kくんが言っている地名を地図の中からさがして、指で確かめていきなさい。
　　　　　桐生、結城、

○沼津、村山、金沢、飯田、名古屋、上田、京都、米子、福岡、久留米、大島、読谷、宮古島、久米島、八丈島・・・・・(後略)・・・。
○だいたい織物が作られている所は、よくお祭りとかが広まっている開かれた所だと思います。
○いろいろな伝統工業の中で織物が一番多い。
○一番多いのが織物で、一番少ないのがそろばんです。織物は、つむぎとかすりとちぢみの三種類に分かれている。だから多いと思う。
○奈良県の筆、すずりで昔からよくつかわれてきたものを作っている。

　この授業では、三河仏壇を1つの典型として、伝統的な産業が全国各地に多品種にわたって分布している概要を理解することを目的とした。授業記録4-1にあるように、北海道に伝統的な産業が少ない点、織物が全国各地に分布する

点の発言から分布の疎密に着目できて筆者は内心驚いた。さらに、小学生に縁の深いそろばん、土佐と飯山の和紙、奈良の筆とすずり等様々な伝統的な産業を読み取っていた。小学校5年生と言えども吟味した資料を使って読み取りをするならば、地理教育的視点の導入は十分に可能であると確信した授業であった。

12月21日4校時にはTP資料を基に、伝統工業の抱えるなやみについて考えた。資料の中で前田さんに録音で登場してもらい、仏壇作りの現状やなやみを小話形式で取り入れた。それで手作り技術の困難さ、修業年限の長さ、若い人が伝統工業になかなか就業しない点、そのため現在の伝統工業は人手不足でなやんでいる点等が理解できた。小話といっしょに同様の内容を示す帯グラフも用意して読みとったが、第7時（全国の伝統工業の分布）ほどには話し合いが盛り上がらなかった。まだ、改善の余地があると反省した。

12月23日3校時には、評価を目的として前田さんにお礼の手紙を書いた。どの子も感謝の意味を込めてよく書いたので評価は難しかった[18]。以下はその一例である。

　前田仏壇店の見学に行ったときは、親切に質問などに答えていただき、どうもありがとうございました。

　わたしはこの見学に行くまでは、あまり昔から伝わってきたものには興味がありませんでした。前田仏だん店の見学のときに前田さんの説明などをよく聞いて、いろいろなことが分かったと思います。特に、1704年から今までの間の苦労なども、後から勉強して分かりました。一人が一つの技を身につけるまでに何年も何年もしゅ業をしてやっとできるようになるものばかりなので一人の人がそういうことを完ぺきにして、仏だんやその他の工芸品を作っていることも分かりました。そんなすばらしい伝とう工芸品があととりがいなくて、へってきていることはとても残念なことです。これ以上へったりしないように、がんばって仏だんを作ってください。

　前田さんへ　　　　　　　　　　　　　　　　　　　　S子より

第3項　地理教育的視点の授業について

　12月4日3校時「三河仏壇の職人の分布について」、12月11日3校時「三河仏壇の歴史について」の授業を行った。授業記録4-2が前者、授業記録4-3が後者の各々後半部分の授業記録である。

＜授業記録4-2　「三河仏壇の職人の分布について」（後半部分）＞

発問1　分布図を読み取って、見つけたことを発表しよう。（要約）
・岡崎市と豊田市と安城市に箔押と蒔絵の店がある。
・岡崎市には三河仏壇の店が特に多い。その理由は、岡崎市に商店街がたくさんあって仏壇が目立つところに置いてある。お客さんが多く買いに来てくれるからだと思う。
・岡崎市では、仏壇のいろいろな種類があるから、碧南市みたいに他市から買わないでも、岡崎市だけで仏壇が作れる。
・岡崎市にはたくさんあるけど箔押だけないから、ほとんどの市が協力していると思う。
・西尾市では仏壇店が多いから、他市と協力しないとやっていけない。
・他の市では仏壇が多いのに豊田市では少ないのは、自動車工場と関係があるかもしれない。
・箔押は豊田市と安城市にしかない。全体で2軒しかない。
・図全体から、どこの市でも仏壇店は1つはある。（次の記録に続く）

発問2　この図の中で仏壇の職人が一番多く集まっている市は、どこですか？
・岡崎市です。

発問3　二番目に職人が多く集まっている市は、どこですか？
・安城市です。

発問4　三番目に多く集まっている市はどこですか？
・知立市です。西尾市です。西尾市と知立市は同じです。

発問5　この図全体を見て気の付くことはありませんか。
・知立市に比べて安城市は土地が広いのに、店が少なく土地が空いている。
・安城市は土地がたくさんあるのに店が少ないというのは、日本のデンマークと言われて、農家が多いからだと思う。

説明　西三河地方にたくさんの仏壇の職人が住んでいます。そこで、この地域でまとまって作られている仏壇を三河仏壇と呼んでいます。みなさんが発言したように、市によって店の数にばらつきはありますが、岡崎市を中心に西三河地方としてまとまっています。
（後略）

<授業記録4-3 「三河仏壇の歴史について」(後半部分)>

- 1704年から1976年までに、272年もかかって伝統工芸品」になった。
- 1860年に矢作町に店ができたころから、たぶん大はんじょうしただろう。

> 説明　明治とか大正とか昭和というのは、時代を分かりやすくするためなんだね。これは1800年とか1900年とはちがうんだ。1800年とかは西暦と言ってキリストが生まれた年を1年として始めた数え方だね。だから、区別してどちらか一方で読まなければいけない。明治1910年とは言わないわけだ。

- 私はみんなの意見と似ているんだけど、1910年ごろにたくさんの人々が仏壇を買うようになって、仏壇店も仕事をだんだん広めていったと思う。
- 1860年から1867年と時代が進むにつれて、盛んになってきている。
- 1704年で岡崎市は材木町だから、仏壇を作る木も手に入りやすかっただろう。
- 1800年で十数軒の仏壇を作る職人さんがいた。1704年から96年もたっているのに、十数軒しかないから、やっぱり仏壇を作るのが難しいと思う。
- 1937年から生産量を増やし品質を良くして、売る地方を広げたとなっている。
- 1937年に三河仏壇商組合ができている。1800年のころは十数軒とあまり盛んではなかったけれど、このころに組合ができたというのは、それだけ盛んになってきた証拠です。
- 1910年ごろにたくさんの人々が仏壇を買うようになってきたのは、戦争でたくさんの人々が死んだからだと思う。
- 庄八という人が初めて仏壇を作ってから、1910年仏壇店がたくさんできるまで、だんだん歴史が深まってきた。それで、1976年に伝統工芸品に指定された。それだけ、仏壇の歴史は長い。

> 説明　みんなはこの年表から、たくさんのことを見つけてきてよかったと思う。材木町では材木が手に入りやすかっただろうな。仏壇をおがむ信仰の厚い人もたくさんいたに違いない。それがだんだん発展してきて、買う人も増えたために仏壇産地が徐々にでき上がったことを分かってほしいな。

　まず、分布の授業について岡崎市を中心として、八職が多く集まっていることは読みとれた。しかし、発言内容を吟味してみると、分布図内の細かな地域差（市町村における違い）に目を向けている子が多い。岡崎市と豊田市では明らかに軒数が違うから自然な話し合いの流れと理解できる。中には、安城市、豊田市、碧南市に仏壇が少ない要因を自分なりの知識を基に追究している子もいる。このような発言は、地域差とその要因に目を向けるという地理教育的視

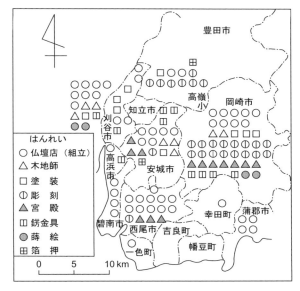

図 4-2　三河仏壇の職人分布

注：実際の授業では、赤・緑・青の三色と○・△・□の記号を組み合わせて
　　TP 八職の分布を示したので、上図ほど複雑には見えない。
資料：昭和 59 年三河仏壇振興協同組合者名簿（前田保好所蔵）より

点から重要であると評価したい。

　しかしながら、分布図が西三河地方内に限られていたため、発言もその範囲に限られた。子ども達は非常に多くの鋭い読みとりをしたのであるが、資料の不備により子ども達の視野を広げられなかった。もし、分布図を愛知県内全域に広げたならば、三河仏壇と名古屋仏壇をそれぞれの地域でまとまって工業活動をしていることがより鮮明に読み取れたであろう。

　三河仏壇の歴史の授業については、子ども達のがんばりを最大限に評価しなくてはならない。なぜなら、明治用水（小4）の学習では年表をうつす作業、詩の解釈、FMラジオ放送「明治用水」の聞き取り、絵等の多様な方法により歴史的なイメージを広げ深めていった。今回の実践では、年表だけであった。大人でも数字と文字からなる年表だけでは、どれほどのイメージが広げ

表 4-2　三河仏壇の歴史

年　代	で　き　ご　と
1704 年	このころ、庄八により初めて三河仏壇が作られた（岡崎市材木町）。
1800 年ごろ	江戸時代の終わりごろ、十数軒の仏壇を作る職人がいた。（岡崎市材木町）
1860 年ごろ	江戸時代の終わりごろ、岡崎市矢作町に仏壇の店ができる。
1867 年ごろ	明治時代になって、西尾市や刈谷市にも仏壇の店がひろまった。
1910 年ごろ	たくさんの人々が仏壇を買うようになったので、仏壇店は西三河地方全体にひろまった。
大正時代	仏壇の産地ができあがった。
1918 年	岡崎仏壇業組合ができた。
1937 年	三河仏壇商組合ができた。生産量を増やし品質を良くして売る地方をひろげた。
1976 年	伝統的工芸品に指定された。（古さ、手仕事、地域としてのまとまり）

られるだろうか。ましてや、わずか 11 歳の子たちである。それにもかかわらず、授業記録 4-3 のように多くの子が材木町という地名から原材料を考え、組合の結成から発展を読み取った。また、戦争から仏壇の需要増を考え、年代から仏壇づくりの歴史の深さを知ったのであった。子ども達の学習力は大きい。

　しかるに、明治用水の実践報告[19]でも指摘したように、歴史的資料を子ども達が発見することは困難である。そして、三河仏壇については地理学会でも未だ詳しい調査が行われていない中で、表 4-2 の年表は組合の資料から抜粋したものであるが、よりていねいな実態調査を経て、資料の多様な整備の必要性を痛感した。

第 4 項　残された課題

　今回報告した「地理教育的視点」とは、小学校社会科において「分布」と「歴史的見方」と「要因追究する」考え方であると仮説した。具体的に三河仏壇の実践において検証したが、どれも十分な検証に至らなかった。

まず、第1に「分布」においては、より広いスケールの分布図を作成しなくては、伝統工業の集団性が鮮明に理解されにくいという問題点があった。この点は、名古屋仏壇と三河仏壇の組合員名簿を実態調査により入手し、新たに愛知県全域の分布図を作成することが考えられる。また、子ども達が分布図を作成する作業学習も考えられる。

　第2に「歴史的見方」である。小学校6年生でも年表だけの読みとりは難しいと考えるのが妥当である。今回の実践ではいくつかの発言があり、失敗とは言えないが、次に成功する確証は得られなかった。小学校5年生では、西暦と元号の区別がつかない等不十分な点が露呈した。やはり、小話、遺跡、想像図、写真等の歴史的イメージを広げる資料を加える必要性を痛感した。

　第3に「要因追究する」考え方である。重要な科学の観点であるが、小学校教育に導入する場合はその限界も考慮されなければならない。なぜなら、小学生は絶対的な予備知識の量が不足しているためである。したがって、「なぜ・・・なぜ・・・」と玉ねぎの皮をむくようにことの本質に迫っていきたいのであるが、疑問点が多すぎて途中で行き詰ってしまうのである[20]。そこで、教師が単元構想をする時に要因追究的な考え方をもつことは大切であるが、子ども達にそれを指導することは再検討の余地がある。

　今回の実践では、上記3点のほかに、伝統工芸品の証紙と愛知県内の様々な伝統工芸品の分布という内容を、時間的な制約から割愛せざるを得なかった。これも含めて、次回5年生を担任する時は、資料を整えて子どもの考えを授業の中心にすえた第2回目の三河仏壇の実践を行いたいと考える。

　この学級は、社会科の話し合いを重ねた学級だった。当時年表の資料だけでよくこの話し合いができたものだと感心さえする。今の児童は難しいだろうと思う。なぜなら、ていねいな段階を追った指導に慣れていて、資料が限られる読みとりは、なかなか難しいものがあるように思うからである。ただ、要因追究の考え方は、教師の単元構想段階で必要である。実践上は難しい場面もあるが、教材研究や指導計画を立てるときに児童の思考過程の予測と併せてぜひ考慮したい。

【授業記録初出】拙稿（1989）：実践三河仏壇における地理教育的視点－第1報－，地理学報告 Vol.68, pp.199-207.

注および参考文献

1) 安藤正紀（1979）：戦後地理教育界における学力観に関する予察的考察，新地理 27-2, pp.40-48.
2) 森　泰（1980）：子どもの追求意欲を盛り上げる社会科の単元構成とその実践，『すべての子どもに学力を』第4巻所収，日本標準，pp.87-99.
3) 安彦忠彦・杉浦一仁（1980）：小学校5年生社会科単元「伝統工業」の教材開発と構成，名古屋大学教育学部紀要28, pp.87-99.
4) 林　和広（1982）：丹後ちりめんでこんなことを教えたい，『地域に根ざす社会科の創造』所収，あゆみ出版，pp.189-219.
5) 山上康男（1982）：黒江塗の見学に際し、自分の考えを深め広めるための見方の追究，考える子ども No.146, pp.24-29.
6) 柴田和司（1987）：地域素材を生かし伝統的な工業の価値・意義の追求を図る授業－5年「伝統工芸品三河仏壇」の実践－，昭和62年度岡崎市社会科実践記録集，pp.67-82.
7) 寺田喜男（1982）：伝統工業における越後上布，『地域に根ざす教育と社会科』所収，あゆみ出版，pp.189-219.
8) 伊藤裕康（1984）：伝統的な工業の教材化（1）－豊橋筆づくりを素材に－，地理学報告 Vol.58, pp.11-21. なお、小学校社会科における地理教育的視点の必要性については、岩本廣美（1988）：社会科教育にもっと地理的視点を，地理 33-11, pp.82-86 参照。
9) 『新編新しい社会　5下　教師用教科書』東京書籍，第2部朱書編 p.76 に朱書されている内容を要約した。
10) 目賀田八郎（1979）：小5「伝統的技術を生かした工業」の学習素材と授業構成，教育科学社会科教育 No.189, p.56.
11) 宮川泰夫（1973）：名古屋市における工業配置の微変動，東北地理 25, pp.99-110.
　　森　清美（1981）：愛知教育大学地理学教室卒業論文.

12）内田秀雄（1963）：彦根仏壇について，大阪学芸大学紀要 13，pp.127-138.
　　宮川泰夫（1985）：城下町彦根における地場産業の配置その（一），愛知教育大学研究報告 34（人文科学編），pp.121-136.
13）金田昌司（1978）：伝統的地場産業の立地－飯山仏壇について－，経済学論叢 22，pp.43-80.
14）松井貞雄（1987）：岡崎石製品工業地域の伝統と変容，地理学報告第 64 号，pp.1-19.
15）前田仏壇店主前田保好氏は彫刻家である。店としては組み立ても同時に行い、販売店として営業している。
16）本学年の子ども達を筆者は小学校 3 年生からもち上がって担任している。ただし、5 クラス編成で 5 年進級時にクラス編成替えがあったので、担任 3 年目の子どもは 7～8 人しかいない。
17）冬休みをはさめば学習意欲は続かず興味が途切れることは明白だったので、ここで区切りをしておきたかった。
18）文面の中に具体的な事柄がいくつかあがっている手紙を高い評価とした。だが、優劣付け難い場合が多々あった。
19）第 2 章に掲載の実践記録。
20）松井貞雄教授は、この要因追究の観点をこのようなたとえ話で、私たちに分かりやすく説明してくださった。

社会科実践フォトアルバム②

小5・自動車部品工場の見学（1991年）［第5章参照］

小5・自動車工業についての発表（1991年）［第5章参照］

小5・農業機械の見学（1989年）　　小6・曽根遺跡の見学（1992年）

第5章　小学校社会科における地理教育的視点
－小5「豊田の自動車工業」の実践を通して－

> 　90年代初頭より「勢いのある社会科の授業」より「地理教育的視点」に筆者個人の関心が移った。その理由は2つあった。1つは、社会科の授業で50％発言を常時維持できるようになり全員発言をめざし、内容を高めようと子ども達に話していたこと。つまり、発言自体よりその中身を充実させたいと考えるようになったこと。2つ目は、小学校高学年（5・6年生）の担任が何回か続いて5年生の社会科がまさに地理教育（系統的地理）に匹敵することを学び、その中身をもっと自分自身が追究したいと考えるようになったことであった。
>
> 　当時、松井貞雄教授とは手紙の往復で薫陶を受ける間柄にあり、年1回の地理教育巡検（愛教大地理学教室同窓会豊田支部主催）でも、筆者が幹事を引き受けた関係で頻繁に連絡を取り合うことが続いた。その中で、小学校5年生の社会科で豊田の自動車工業を実践して記録に残したいと考え研究実践に取り組んだ。松井教授に励まされて、その結果を日本地理学会で発表したのも本当にいい思い出である。

第1項　はじめに

　公立小学校の教育現場では学級担任制をとるために、教師は最大8教科の指導と学校事務、部活動、クラブ、委員会およびそのほかの校務分掌（生徒

指導、いじめ・不登校対策委員会、教科書、体育的行事の企画、文化的行事の企画等：筆者注）を行う。ここでは様々な問題を抱え、翌日の授業の教材研究もままならない状態にある。ましてや、地理教育を意識する実践は非常に困難である。研究発表校における特別の研究授業ならば思い切った工夫も可能であるが、残念ながら、地理教育を主題にした社会科実践の事例はほとんど見られない。これは、単に多忙なだけでなく、小学校社会科の中で地理教育を意識した実践はどのようにしたらよいか分からない教師が多いためと考えられる。

　しかし、小学校3・4年生（中学年）の地域学習や5年生の社会科では、地理教育的視点を取り入れることが可能である。これは学習指導要領を軸に普段の教育活動を行っている公立小学校においては、むしろ日常的な社会科の授業実践で大切な視点である[1]。

　筆者はこれまでに小学校の中学年および高学年の社会科について、明治用水、商店街、三河仏壇を教材とした実践に基づく帰納的な研究を行ってきた。その結果次のようなことが明らかとなった。明治用水[2]では、現在の明治用水の直接観察から学習を始め、自然に過去にさかのぼる形で要因追究的な単元構想を組むことが有効であることが判明した。商店街[3]の実践においては、児童がある程度の共通基盤に立って物事を考え話し合うための共通問題をいかに教師が作り上げるかといった指導原則が明らかになった。そして、三河仏壇[4]の実践においては、小学校5年生社会科の内容の難解さを指摘した上で、分布図の読みとり、要因追究的な単元構成、歴史的・自然的条件の考慮の3点を地理教育的視点として提出した。しかし、基礎知識の不足や具体的な歴史的資料の欠落から要因追究的な単元構成と自然的条件の検討には限界があることが明らかになった。

　その後、筆者は地理教育的視点の検討と実践化に向けた研究を継続してきた。その結果、日ごろの授業でいかに多くの場面で地理教育的視点を取り入れることができるということを実感してきた。

　そこで、本稿は小学校5年生の社会科実践において、地理教育的視点は十分に取り入れられるという考えから、その具体的な授業構成案を提出し、その実

践の中から小学校社会科で導入可能な地理教育的視点を抽出することを目的とする。

第 2 項　地理教育的視点と研究主題

　筆者は地理教育的視点という言葉を、従来の地理的見方・考え方とほぼ同義で使用している。しかし、その意味内容については曖昧な部分が残されている。そこで、従来の研究から地理的見方・考え方の意味するところを整理し、本稿における地理教育的視点の定義を行いたい。

　松井貞雄は地理的見方・考え方にあたるものとして「新指導要領の強調点から、①自然と人間の関係、②地域と地域との関係、③地域的特色の把握、④比較研究、の 4 点を、地理学的研究方法として、①景観的考察、②分布的考察、③立地的考察、④地域的考察、⑤地域形成過程の考察、の 5 点をあげて」[5] 9 項目に整理した。出石一雄は、「分布的見方・考え方、相関的見方・考え方、地理的見方・考え方」[6] として整理し、これに基づくテストの実施結果から児童の到達度を分析した。鳥海　公は、一連の地理的見方・考え方の研究の中で「位置、分布、地域、地域の特色、地域性の形成、他地域との関係、地域形成の主体としての人間という考え方、地域の変化」[7] を取り上げて実証した。

　朝倉隆太郎は、「①地理的位置を理解する能力、②方位や距離について理解する能力、③場所的差異を理解する能力、④相互関係を理解する能力、⑤地理的事象を地域的にまとめ、その特色を把握する能力、⑦グローバル（地球的）な見方ができる能力」[8] を挙げている。

　安藤正紀は学力観に関する考察[9] の中で、菊池利夫、川合元彦、榊原康男、朝倉隆太郎らの地理的見方・考え方に対する定義を整理し紹介している。

　これら地理教育研究者たちの主張を 1 つ 1 つ検討していくと一致する点も多々あるが、山口幸男の地理意識全体について「その全体像や内部関連は今なお明確とは言えない」[10] という指摘は、範囲を狭めた地理的見方・考え方の

定義にもあてはまると筆者は考える。これら1つ1つの語句が意味する内容の検討は、それ自体重要であるが[11]、厳密な意味での定義の検討は困難であり、また、さしあたっての重要課題ではない。

そこで筆者は、小学校での実践経験のある松井貞雄と鳥海 公の主張を引き継ぎ、とりあえず次の7点を地理的見方・考え方の定義とする。①景観的考察、②実地調査、③資料的考察、④分布的考察、⑤地域論的考察[12]、⑥地域形成論的考察、⑦立地論的考察、以上はあくまでも仮に定義[13]した地理教育的視点である。

さて筆者は、最近展開されているアメリカ合衆国の地理復興運動の動向について関心がある。全米地理学協会は「①位置、②場所、③場所内における相互依存関係、④移動、⑤地域」[14]の5大テーマに基づいてガイドラインを作成し、授業モデルを創り上げて現場教師に提案している。そして、この運動の根底に流れているものは、いかに楽しく地理的な基礎知識を社会人や学生・児童に身に付けさせるかである。これは、1990年の日本地理学会の地理教育検討委員会での答申[15]でも表れているように、実質陶冶重視の方向である。特に、小学校教育において、それが強調されていると筆者は考えている[16]。

しかしながら、日本ではこれからの時代に自主性や創造性の育成が重要であるとするのが教育界での一般的風潮である[17]。1992年の小学校学習指導要領改訂、全面実施にあたっては、個性と創造性豊かな学習意欲や態度の育成が強調されている[18]。したがって、日本地理学会での議論や検討を理解しつつ、文部省からの法的拘束を直接受ける筆者は、自主性や創造性を育てる実践カリキュラムと実質陶冶を重視するカリキュラムの融合をどのように図っていくかが大きな課題となる。

本稿は、以上のような意味において、児童の自主性を育てながら地理的知識もあわせてつけていくという実践上の努力を続けてきた結果である。結論部分において、実践から引き出された地理教育的視点を再度整理することを試みる[19],[20]。

第3項　実践の概要

　小学校5年「自動車工業」の単元を事例実践として、本稿の主題を検討していきたい。表5-1が実践を終えた時の単元構成である。

表5-1　実践「豊田の自動車工業」における指導展開事例

段階	時間	ねらい	内容	視点
組立工場	4	自動車組み立て工場の生産工程と生産の様子およびその工夫について資料を基に追究する。	・工程の理解・生産ライン ・流れ作業 ・あんどん・ひっぱりひも ・ジャストインタイム	・具体的観察 ・再現
関連工場	2	関連工場の存在とその様子を確認する。また、愛知県内の分布を読み取る。	・スピードメーター分解 ・関連工場の様子（ビデオ） ・分布図読み取り	・関連図 ・分布図
地域	2	豊田市の移り変わりと自動車工業の発展を関連付けて読み取る。	・一人調べ ・追究 ・話し合い	・資料 ・分布 ・地域
全国	1	全国の自動車工業の分布の特色から全工業の分布および工業地帯へと関連付けて理解する。	・分布図読み取り ・全国の工業地帯の説明 ・作業	・全国 ・分布 ・立地
全国	2	日本の工業地帯・地域の存在と中心的な工業の構成について話し合い理解する。	・一人調べ ・分布図とグラフの関連	・全国 ・分布 ・立地
	1	評価	・テスト ・授業感想	

　小学校5年生の社会科学習は、国土理解を大きな目標としている。したがって、豊田市内の小学校で自動車工場の見学が可能であっても、組み立て工場や関連工場の学習段階で留まることは不十分な学習となる。教科書には全国レベルの資料が掲載されており、資料集なども全国レベルの資料を教科書よりも大きく鮮明に掲載している。ただ、この資料を教師の説明だけで学習を進めると、社会科は難しい、おもしろくないという不評が聞かれるところである。4～5月段階で、分布図やグラフの読み取りの方法

を指導し、子どもが意欲と自信をもって資料に立ち向かえるかどうか、教師の指導力が問われるところである。もちろん、今回の授業において、資料の読み取りの方法を教師が指導するという流れもありうるので、社会科が得意でない先生は焦る必要はない。説明は悪いことではないので、具体的な読み取り方法を、ていねいに説明してから次の資料に向かってみようと仕向ければ、多くの子どもは前向きに取り組むであろう。一人調べの時間を設けた際に、可能な限り読みとりの補助を個別に指導すると、効果は出てくる。そして、見つけたことを発表しようという時間を設ければ、徐々に発表してくるに違いない。その発表を適切に評価すると、子どもはますますがんばって発表に向かい、授業が成立してくると考える。子どもの発表から出なかった学習内容は、教師がまとめの説明で補うことを忘れないでほしい。なるべく難しい説明は少なくしたいという考え方で、授業を進めるといいと思われる。

(1) 組立工場の内部と生産工程

　本学年の児童は、夏休みにトヨタサマースクールという工場見学に参加した。そのために10月下旬から11月にかけて実践した内容には（表5-2）、工場見学が含まれていない。見学からだいぶ時間がたっているので、その見学を思い出す意味から、第1時は自動車の製造工程の確認から入った。第2時は、教科書の口絵写真（生産ライン）を資料として、生産の様子や工夫について追究する授業を行った。写真資料だけでは資料が不足していたため、児童の発言は活発とは言えなかった[21]。そこで再度、組立工場内部の様子がよく分かる授業をめざしたのが、第3時と第4時である。第3時は、トヨタ自動車広報部から借りてきたビデオを使って改めて生産ラインや塗装の工程を学習した。第4時は、さらに組立工場の生産の工夫を追究するために、工場見学の際にもらった教師用プリントを資料とした。あんどん、ひっぱりひも、はり紙、ジャストインタイム、という生産の工夫や概念まで追究できた。

表 5-2　小学校 5 年生社会科「自動車工業」の実践事例（1989）

日　時	授業のテーマ	おもな資料
①10/28（土）	自動車の製造工程	社会科資料集 5 年（教育同人社）p.64
②10/29（日）	組み立て工場の工夫や努力（両親学級）	教科書（東京書籍）口絵
③11/2（木）	組み立て工場の様子	トヨタ自動車広報部のビデオ
④11/6（月）	生産の工夫（ジャストインタイム）	トヨタ自動車広報部の説明の紙
⑤11/7（火）	関連工場の存在	同上のビデオ
⑥11/11（土）	組み立て工場と関連工場の分布	社会科資料集 5 年（教育同人社）p.63
⑦11/13（月）	豊田市の移り変わり	教科書（東京書籍）p.20 のグラフ
⑧11/15（水）	豊田市の移り変わり（話し合い）	同上
⑨11/22（水）	全国組み立て工場と関連工場の分布	社会科資料集 5 年（教育同人社）p.62
⑩11/24（金）	日本の工業地帯と工業地域の分布・特色（読み取り）	地図帳（東京書籍）p.57
⑪11/29（月）	同上（話し合い）	同上

（2）関連工場の確認と分布の読み取り

　第 5 時と第 6 時は、自動車工業にとって不可欠の関連工場について学習した。第 5 時は先に利用したビデオの続きによって関連工場の存在を確認した。第 6 時は、愛知県内の組立工場と関連工場の分布を読み取った。教科書[22]においては「働く人の苦労や工夫」を前面に押し出している。しかし、本実践では分布図の読み取りに慣れるという目的がある。そこで、豊田市と名古屋市に工場が集まっているという分布の特色から、改めて自分たちが住んでいる豊田市という地域に目を向けさせていく筆者の意図があった。働く人の苦労や工夫が十分に取り上げられなかったのは、本実践の欠点である。しかし、その代わりに自動車の町豊田市という地域を分布図の中で、確認し理解できたと考えている。

（3）豊田市の人口増加と自動車生産の拡大

　第 7 時と第 8 時では、第 6 時で意図した地域＝豊田市を取り上げた。児童はすでに、小学校 3 年生時に地域学習で、豊田の自動車工場を学習している。そ

こで、小学校3年生では理解困難と思われる豊田市の年齢別人口構成と車の生産台数の変化を組み合わせたグラフ[23]を読み取ることにした。第7時は課題となるグラフの一人調べ、第8時はそれに基づく話し合いを行った。子どもたちはたくさんノートに気づいたことを書いたので、活発な話し合いができた。

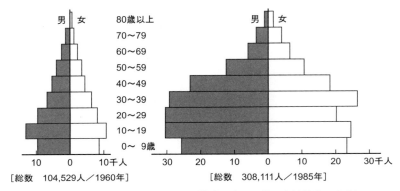

図5-1　豊田市の年層別の人口構成の変化（豊田市統計書による）
出典：東京書籍5年社会下 p.20（昭和63年3月31日改訂検定済）

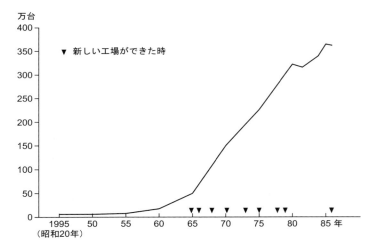

図5-2　豊田市に本社のある自動車工場の生産台数の変化（自動車会社の資料による）
出典：東京書籍5年社会下 p.20（昭和63年3月31日改訂検定済）

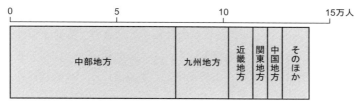

図 5-3 豊田市にうつってきた人の地方別のわりあい
出典：東京書籍 5 年社会下 p.20（昭和 63 年 3 月 31 日改訂検定済）

地理教育的視点としては、豊田市の人口増加と自動車生産の拡大がほぼ一致するという「地域形成」の視点が十分に取り入れられたと考える。

(4) 全国の自動車工業の分布の特色

第 9 時以降は、全国に学習対象を移した。第 9 時は、全国の自動車の組み立て工場と部品工場の府県単位の分布の読み取りを行った。ここでは、その分布を読み取ることが第 1 の目的であるが、その読み取りの中から、太平洋側に自動車工業が多く立地しており、それはなぜかを考える契機にしたいという意図があった。つまり、自動車工場の全国的な分布から立地条件の検討をめざしたものである[24]。

(5) 全国の工業地帯・工業地域

第 10 時と第 11 時は自動車工業から離れて、全国の工業地帯・工業地域の学習とした。これにはたいへん無理があるという反論があろうが、あえてこのように構想した。なぜなら、自動車工場の分布と北九州工業地帯を除く太平洋ベルト地帯の工場の分布は重なるのである。これは、工業の中心的存在である輸送機械製造業の分布であるから当然なことで、いわば自動車工業を 1 つの事例として全国の工業地帯を考えていこうとする意図がある。この点が関連して理解されるかどうかが、5 年生社会科の国土理解のカギになる。また、ここが 5 年生の社会科は難しいと不評[25]をかうところでもある。

本時の授業では、41 人中 19 人の発言があった。全国の工業地帯の分布と各

工業地帯の工業生産額の構成を示すグラフの複合資料を読み取るという高度な内容を19人の子どもから発言を引き出したという点で、筆者の授業の目標がほぼ達成されたと考えた。この授業によって、工業地帯における工業生産額の構成は、鉄鋼や機械など重化学工業を中心とするという一般的共通性が子ども達に理解できたと考えられる[26]。

第4項　授業分析

(1) 豊田市の移り変わりと自動車工業の発展

　ここでは実際の授業の具体的な話し合いの場において、地理教育的視点がどこに表れ、教師はどう対応したのか、という視点から授業分析を行いたい。

　まず、第7時は豊田の自動車工業の地域形成を理解することをねらいとした授業であった（授業記録5-1「豊田市の移り変わり」参照）。最初、中部地方から豊田市に8万人もの人が集まってきているというKKくん[27]意見（資料下線①）から、豊田市への移住者の出身地方の意見が相次いだ。その中のYAくんの発言（資料下線②）の半分という表現をとらえて、筆者は何の半分かと聞き返した。これは5年生の最初から筆者が強調してきていることで、資料を読み取る場合には正確にその数量を押さえるという意味である。5年生の社会科では資料の読み取りが1つのキーポイントであり、農業学習から数多くの資料と出会うことになる[28]。そこで筆者は、正確に数字まで出してグラフを読み取ることを指導してきた。これは、資料下線④の教師発言にも表れている。

　次にIKさんの発言（資料下線③）は、グラフを複合的に読み取っている点で重要である。すでに、この段階で地域形成を理解する1つの発言が出てしまった。しかし、他の多くの子どもたちは、それが重要であることに気付かずに、自分の読み取りを発言するのに一生懸命である。さらにSKくんの発言（資料下線⑤）はIKさんの発言（資料下線③）とあわせて、授業前半にもかかわらず、この授業の結論が出てしまうほど注目すべきである。つまり、

＜授業記録5-1 「豊田市の移り変わり」 1989,11,15（水）第7時＞

T ：この前の月曜日の5校時に自習で今日勉強するところを読み取ってもらいました。とてもたくさんの読み取りが書いてあって先生は非常に心強く感じました。非常に良かったです。今日はその見つけたことを話し合います。それでは、2,3分ノートを読み返して考えをまとめてください（3分経過）。それでは始めましょう。KKくん。

KK：<u>一番上のCのグラフで中部地方で数が約8万人で、考えは豊田市は中部地方から来た人が多い</u>①

MT：KKくんに似ていて、考えで中部地方から集まってくる人は九州地方から来た人よりも多いです。

YA：<u>MTくんやKKくんに似ているけど、考えだけど、中部地方から豊田市に来る人は半分以上です</u>②

IK：<u>65年から80年にかけて新しい工場がだいぶできた。真ん中のBのグラフから、考えで1960年から1985に人口が増えているから、新しい工場ができて、他の県や市から豊田市に働きに来た人たちが多い。</u>③

TN：一番下のAのグラフで、1960年から1885年を見て、人口が増え続けている。ちょうどそのころから工場がたくさんできているからだと思う。

YT：Aの人口構成の授業で、はじめの頃は豊田市はそんなにいなかった。

T ：はじめっていつごろだい？

YT：1960年ごろです。

MS：Aのグラフで20～29歳と30～39歳と40～49歳で、自分の考えは20歳から49歳で働く年で、考えは20歳から49歳が一番働きやすい。

MT：Bのグラフで、1945年から1955年は車が10万台ぐらいしか作っていないけど、1960年ぐらいから1980年にかけてものすごい勢いで増えている。

T ：<u>ちょっと待ってね。とても大切なことだね。車の台数を読み取ってくれるといいんだな。</u>④

MO：Cのグラフ全体で豊田に移ってきた人は約14万人で、1960年から1969年の10年間でこんなに豊田市に移ってきた人がいるのは、新しい工場がたくさんできたからだと思います。

KK：MTくんにつけたして、遠くの工場がたくさんできるにしたがって車の性能が良くなり、どんどん速い車になっていくので、だから急速に増えた。

SS ：MTくんにつけたしで55年からBのグラフで85年まで約350万台増えている。

SSg：車の数で1982年は1980年よりも約20万台減っている。何で減ったのかな？

MN：BのグラフとAのグラフで、Aのグラフの方で1960年くらいは働く人が少ない。Bのグラフでも車は10万台ぐらいしかできていない。

TI ：Cのグラフで九州地方で様子は2.5万人で考えが、何で豊田市から遠いのに九州地方から来る人がたくさんいるのか？

IT ：MHくんにつけたしでBとAのグラフで1965年から1980年までに新しい工場がたくさんできて、だから1985年までの人口構成の変化は大きい。

78　第 5 章　小学校社会科における地理教育的視点

SK：CとBのグラフでいっぱいの人が移り住んでくるから、その分、自動車会社の人の数が増加して工場の大きさも大きくなって、それで生産も多くなって人口が多くなると、その分他のものも会社とかそういう所も発展してくると思いました。⑤
MM：Aのグラフで30～80歳まで上になるにつれてだんだん低くなっている。
SD：Bのグラフで1945年ごろは工場が少ないので生産台数も少ない。
MO：Aのグラフで全部の人口の総数は1960年は104,529人だけど1985年には308,111人になって、25年間で203,581人増えた。⑥
MT：たくさん車を乗る人が多くなったから、車の生産量も多くなった。
MH：Bのグラフで73年くらいから76年くらいまで300万台になっている。今までは10年から20年ぐらいで200万台になっているのに、すごいなと思った。
YK：Bのグラフで80年から87年にかけて（私の）考えは工場がその間にでき方が少ないので、生産台数も相当に減ってきている。また、85年にできて生産台数が上がった。
TJ：真ん中のBのグラフで1970年で考えは1975年に新しい工場ができて150万台を超えた。
SS：真ん中のBのグラフで1945年から1960年までは工場が1つしかできていないで、あまり生産台数が上がらなかった。65年から85年にかけて9個の新しい工場ができたから生産台数もだいぶ増えた。
T ：（発言を）よくがんばってくれて、大変うれしいが、もう何人もの人が2つのグラフを関係付けて発言をしている。3つのグラフを関係付けて考えると、どんなことが言えるだろうか？⑦
WY：（図5-2と図5-3の）関係は移ってきた人が多く、その人たちが工場に入って生産台数が多くなる。（いいですの声多数あり）。それで男の人が多いから工場で働く男の人が多いと思いました。
T ：すばらしいね。男の人が多いという意見は今までだれも発言しなかったね。工場で働く人は男の人が多いから、当然一番上のグラフには男の人が多く表れるね。⑧
YK：豊田市にトヨタ自動車という大きな会社の本社があるので、図5-1で男の人で10代～40代の人がすごく多いから、工場が成り立っている。
IK：人の変化のところで、お年寄りの人がそう増えなくて若い人が大体30から39歳の人が1960年から1985年に増えて、その増えた人のほとんどは豊田に来た人で、新しい工場に勤めて、その移ってきた人は中部地方の人なんだな。
MT：1980年くらいに生産台数が減って、また増えている。（後略）

　自動車工業地域の形成から単一企業都市豊田と言われる企業城下町の形成を、小学生として実に分かりやすく話している。ここで授業を止めてもよかったのであるが、たっぷりと話し合うことが1つの目的だったし、子どもの勢いある発言がどんどん続くので、この雰囲気を大切にしたいと考えて止めなかった。

これに加えて MO さんの発言（下線資料⑥）も重要であった。1 つの都市で人口が 20 万人以上も増加するという指摘は、人口の視点から豊田市の発展を如実に説明している。まさに地理教育的視点の発露である。

ここで（下線⑥ MO さんの発言後）教師は児童の話し合いに割って入るべきであった。一瞬ためらったために、筆者が発問したのは、授業の後半に入ってから（資料下線⑦）であった。まとめの意味を含めて、図 5-1、図 5-2、図 5-3（資料の授業記録 5-1 の中では、それぞれ A、B、C となっている。）のグラフを関係付けて考えるというものであった。これに対して、図 5-1 のグラフを中心とする性別・年齢別人口構成に関する発言（資料下線⑧）が出た。前の SK くんの発言（資料下線⑤）にさらに踏み込むような、地域形成論的視点の発言は出なかった。このように、話し合いとしては児童中心でありながら、意見の出し合いという様相が強く、筆者の本時でねらう内容は授業の前半に出てしまう結果になった。授業構成としてやや不満の残るものである。しかし、3 つのグラフから読み取る豊田市の移り変わりと自動車工業の発展は、児童の話し合いの中で十分にできたということができる。

> 本書を執筆するために改めて授業記録を入力し直した際に考えたことは、話し自体は不満が残るものであっても、子ども達はよく発言していると思った。私が、30 代半ばの年齢の時で、自分自身としても一番力が入った年代だった。授業の良しあしは発言だけでは決まらないが、子どもの学習意欲や勢いは発言で測ることができる。いい意味で豊田市内の小学校だからここまで発言ができる授業ができたのかなと思った。今なら、とてもこのような勢いのある授業はできないかもしれないと正直に思うのである。教師も子ども達も、ちょうどいい時期に授業記録を残すことができた。

（2）全国の自動車工業の分布の特色

第 3 項で述べたように、この第 9 時は本単元構想の中で、自動車工業の事例

<授業記録5-2 「全国の自動車工場の分布について」 1989,11,22（水）第9時＞

T ：それでは、今日は日本の自動車工場の分布について勉強してみよう。資料集62ページの①の資料を出して。ノートはいつものように3段に区切って。そして、分布図を読み取るのは2度目だね。一番上には県や物、真ん中には様子や数字、1番下には気付いたこと・考えたことを書こう。それでは、今から時間を7分とるから、これを地図から読みとってください。(7分経過)

T ：記録したことを基に話し合いをしていきたい。それでは、Y男くん。

YK ：北海道で自動車工場も部品工場も1つもないで、(僕の)考えは工場もないのに、どうやって自動車に乗るのか不思議です(笑い)。

HS ：群馬で自動車工場が2つ、部品工場が4つある。

T ：もうちょっと大きな声で発言してください。

YA ：北海道では土地が広いだけで自動車は作っていない。

SD ：<u>愛知県で部品工場が17コで、自動車会社が11で、日本一です。</u>⑨

MMb ：岡山、山口、福岡、熊本には、自動車工場が1つしかなくて、(僕の)考えでほかのことが盛んだと思います。

MS ：愛知県で自動車会社が11コで、他の県より多いです。

HT ：神奈川県で、神奈川県より大きい県はいくらもあるのに、自動車の工場は2番目に多い。

MO ：<u>神奈川、静岡、愛知は自動車工場も部品工場も多いし、それは太平洋側に面している県で、太平洋側に多い。</u>⑩

MH ：全部の自動車工場で数字や様子(についての意見)はないで、自動車が道いっぱいに広がったら人間も歩けないし、歩いたほうがいいので、何でこんなに作るんだろう。

TH ：県と物で、東京(の周り)で自動車会社が5つ(あるの)で、(東京では)ほとんど自動車は使わず自転車や電車が多いと思いました。(周り：神奈川、群馬－筆者注)

SK ：T男くんに反対して、愛知県は自動車会社は1番だけど、神奈川県で部品工場は18,000人以上働いているので、神奈川県は愛知県よりも部品工場では多いと思いました。

MMg ：県は愛知県で、物は自動車工場と部品工場で、その数が自動車工場の方が部品工場よりも数が少ない。

MT ：北海道で、(僕の)考えで、北海道は移入に頼っていると思う。

SSg ：<u>愛知県と神奈川県で、愛知県は自動車会社の工場は11コで部品工場は17コで、神奈川県は、自動車工場が6コで部品工場が18コで、(私の)考えは愛知県は自動車工場が多く、神奈川県は自動車部品工場が多い。</u>⑪

SSb ：三重県と愛知県で、2つの県を比べると、三重県は愛知県の近くだから、自動車会社の数が少ない。

TI ：全部の工場で、自動車工場は56、部品工場は48で、部品工場で働いている人が多い。

T ：ちょっと待ってね。今、自動車工場は56、部品工場は48って言わなかった？違うよね。自動車工場が48、部品工場が56だね。みんな数えたかな？

YT ：北海道でYKくんとYAくんに反対して、YKくんたちは北海道に自動車がないといったけど、僕の考えは1,000人以上働いていないで、小さい工場はあると思う。

第4項　授業分析　81

```
KK ：岐阜県で自動車工場は0コで、部品工場は3つで、自動車工場がないのに、部品工場
　　　があるのはな何か変な気がする。
IK ：全部の工場で、北の方へ行くと工場が少なくって、西の方も少なくって、少ないとこ
　　　ろは工業も盛んでなくて、たぶん農業やサービス業が盛んなんだろう。関東地方や中
　　　部地方に集まっている。⑫
MH ：太平洋側に多いのは、あっと、資料集の最初のところだけど。
T  ：みんな開いてみて。資料集の最初の細長い地形を表す写真だね。
MH ：太平洋側の反対の方を見てみると、山々があるから工場はあまりできないと思う。⑬
IT ：地図帳の57ページで、・・・・
T  ：みんな、今資料集を開いているね。今度は地図帳だよ。57ページ。
IT ：熊本と福岡は、熊本の人口と福岡の人口は熊本の方が少ないから、自動車工場も少な
　　　いと思う。⑭
YW ：1台の車に部品が3万個で、部品工場が57あるから、1つの工場で500ぐらいの部品
　　　を作っているから、すごいと思った。(後略)
```

から全国の工業地帯へ視点を移す最も重要な授業であった。具体的な授業分析に入りたい。(授業記録5-2「全国の自動車工場の分布について」参照)。

　まず、SDくんの発言(資料下線⑨)のように、県単位の分布を正確に把握した発言が目立った。MMb[29)]、MS、HT、と進み、MOさんの発言(資料下線⑩)は早くも本時のねらいをついた発言なので、筆者は驚いた。授業の後半で筆者が太平洋ベルトにつなげたいとする意図をくみ取った発言である。このような場合、授業の後半ならば筆者が出て強調するのだけれど、早いうちに出てしまったので、そのまま話し合いを続けることにした。その次にSSgさん(資料下線⑪)のような自動車工場と部品工場の分布を正確に読み取る発言が見られた。

　授業の後半に入ってIKくんの重要な発言(資料下線⑫)が出た。太平洋ベルトにつながる発言である。その次にMHくんの発言(資料下線⑬)はさらに重要であった。つまり、太平洋側に工場が集まっているという分布の特色から、それなぜか、地形と関係あるのではないか、とその要因を考えているのである。それに続いて、ITくんの発言(資料下線⑭)は人口の視点から福岡と熊本の自動車工場の数の違いを説明している。この一連の発言は(資料下線⑫～⑭)は共に、分布の特色からその要因を考えようとしている点で意味があっ

82　第5章　小学校社会科における地理教育的視点

た。まさに地理教育的視点が表れた発言と言うべきだろう。発言自体は正答とは言えないが、小学校段階から地理的に資料を読み取る芽生えが育ってきていると判断できた。

　授業記録および授業分析を入力しなおしてみると、まだまだ未熟な点を感じてしまう。例えば、資料下線⑩のMOさんの発言が出た時、なぜ高い評価をする一言を教師は発しなかったのか、疑問である。確かに授業の前半であるから、本時のねらいに即した指導をここで入れるのは時期尚早であることは間違いがない。かといって、そのまま流してしまったのでは、せっかくの本質を突いた発言が無になってしまう可能性がある。やはり一言「いいことに気がついたね。」とか「日本全国を大きく見て、大事な点に気が付いたね」などの教師の評価を入れるべきであった。これが授業最後のまとめのところで生きてくると、現在は考える。機会があれば、もう一度このような授業を試みてみたいものである。

第5項　結論（地理教育的視点の抽出）

　これまでの実践の概要と授業分析をふまえ、地理教育的視点を抽出すると、以下の諸点があげられる。

(1) 具体的観察力および見学事象の再現（景観的考察）

　トヨタサマースクールで工場を見学し、それを思い出す形で教科書の写真資料から、自動車の製造工程における特色を見出す授業を試みた。時間が経過していため、ビデオ視聴で製造工程における特色を発見し、そこにおける合理的な種々の生産の工夫を理解できた。工場内の機械は非常に複雑なので、ビデオはとても有効だった。このように見学したことの様子を話し合う再現授業は、観察力を高め、対象地域の景観的考察を楽しみながらできる有効な方法である

と結論[30]できる。

(2) 見学時の聞き取り・メモ（実地調査）

　本稿の実践においては、工場内で熱心にメモをとっていた子ども達が数多くいた。これは中学年社会科の地域学習段階から、数多くの見学学習を行ってきた結果である。中学年の地域学習においては、筆者が見学ノートを作成して配ったり、事前に質問事項を考える時間をとったりして、実地調査的指導を重ねてきた。小学校高学年では、このような中学年の地域学習の成果をいかに受け継ぎ発展させるかに、課題があると言える。

(3) 写真・グラフ資料から社会事象の特色を読み取る（資料的・地域的・地域形成論的考察）

　本稿においては、図5-1、図5-2、図5-3の読み取りが資料的考察の典型的な実践となる。筆者は4月にこの学級を担任してから、1枚の写真1葉のグラフについて、その中に存在するもの、その様子、それらから考えられるものは何か、と三段にくぎってていねいに読み取ることを指導してきた。その指導の成果の一部が第7時の授業である。（第4項（1）参照）。それは、図5-2のグラフからトヨタが工場を建設するたびに、自動車の生産台数を増加させていったことが読み取れる。ここからIKくんやSKさんの発言は、工場の増加と豊田市の発展を関連づけることができた（授業記録「豊田市の移り変わり」資料下線③および⑤）。これによって、子どもは自然と豊田市を中心とする自動車工業地域を意識するようになった（地域的考察）。さらに、MOさんの発言は、豊田市の飛躍的な人口増加を指摘し（同資料下線⑥）、それが筆者の発問とあいまって性別・年齢別人口構成の内容まで話し合いが及ぶようになった。（地域形成論的考察）。このように、図5-1、5-2、5-3の読み取りは地域的考察と地域形成論的考察を含む資料的考察のできた重要な考察であった。しかしながら、地域内部の機能分化（組み立て工場と関連工場の集中地域など）については授業で取り上げなかった。地域的考察としては、今ひとつ不十分だったと考える。

(4) 分布図読み取りと特色把握（分布的考察）

　第6時：愛知県内の自動車工場と関連工場の分布図を読み取る授業を構成した。この話し合いでは、豊田市と三好町を中心に自動車工場や関連工場が集積していることを容易に読み取ることができた（分布的考察）。ただし、分布的考察の授業では、本稿のように読み取るだけでなく、資料を用意して実際にドットするという作業を取り入れることも可能である。

(5) 立地条件を考える（立地論的考察）

　本稿では、第9時と第11時において立地条件の検討を行った。残念ながら、個別具体事例であるトヨタ自動車の工場立地はあつかえなかった。しかし、全国の自動車工場の分布と日本全体の工業地帯・工業地域の分布から、立地条件を考えようとしていたのである（授業記録「全国の自動車工場の分布について」資料下線⑫および⑬）。ここから「なぜ自動車工場は太平洋側に多く集まっているか」という学習問題を作り、さらに追究することも可能であった。残念ながら、筆者の準備不足でそれ以上の正確な資料に基づいた検討はできなかった。しかし、立地論的考察の芽生えは十分に引き出すことができた。

　以上において、本稿における地理教育的視点の抽出と授業の関係の考察を終える。しかしながら、小学校で実践可能な地理教育的視点は本稿が指摘した上記7点だけではない。小学校低学年において、位置や方位の指導[31]は可能である。貿易の単元においては、グローバルな視点を小学生に指導することは容易である。農業の学習では、自然と人間の関係を考える授業を構想することができる。結論としては、現場の小学校教師が社会科実践の中で、何が地理教育的視点なのかを意識して指導することが重要であると考える。まだ、日本の小学校の教育現場では、実質陶冶を考慮に入れた実践を可能にする素地を残している。国民の地理的教養の危機的状況を招いているアメリカ合衆国の轍を踏んではならない。そのために、日本地理学会は、学習の主体性を育てながら、一方で基礎的知識を大事にする実践事例を早く収集し、帰納的に授業モデルを創り上げて多くの小学校教師に公開[32]することを訴える。

第 5 項　結論（地理教育的視点の抽出）　85

【謝辞】本稿の内容は、1990 年 9 月 30 日に日本地理学会秋季学術大会（於上越教育大学）において口頭発表し、多くの研究者の批判を得た。特に発表の骨子については、松井貞雄氏〈愛知教育大学名誉教授〉のていねいな事前指導を得た。記して厚くお礼申し上げる次第である。

　本実践は、小学校教師になって 8 年目に行ったものである。勢いのある授業、子どもが意欲的な授業態度をとり、なおかつ地理教育的視点を学ぶことができる授業構想をとろうと意気込んでいた若い時期であった。そして、この内容を日本地理学会に発表するということまで行った。今から思えば、そこまで肩肘張らなくても、愛知教育大学地理学会や日本地理教育学会など発表の場は、どこでもよかったのである。ただ、本質的な地理教育の考え方は、今も変わっていない。子どもの意欲的な学習＋社会科地理教育の実践の融合をめざすという立場である。教職 10 年目までに出来上がったと記憶している。
【実践記録初出】拙稿（1993）：小学校社会科における地理教育的視点－豊田の自動車工業を事例として－，立命館地理学第 5 号，pp.31-43.

注および参考文献
1) なぜならば、中学年の地域学習では小学校区という狭い範囲ながら、地域内の土地高低や道路そして各種の産業を実際に調べて学習を進めるからである。また小学校 5 年生の社会科では、日本全体の農業から運輸業、放送・出版まで、いわゆる系統地理の中の経済地理の内容を学ぶことが学習指導要領で規定されているからである。もちろん、公民的資質の基礎を学ぶことが最終的な目標であるから、実際には「働く人の苦労や工夫」「人の生き方」等、地理教育とはかけ離れた内容が強調される場合が多い（社会科として必要な視点であるが）。さらに、児童の発達段階からは、鳥海　公（1974）：地理的な見方・考え方の発達とその啓発－第 5 報－，房総研究 11，p.1 に「小学校中学年から具体的事象はもとより写真・地図な

ど間接経験からも地理的事象がある程度理解できるようになる」という指摘がなされているからである。

2) 拙稿（1985）：事実認識から要因追究する単元構想とその展開－小4「明治用水」の実践を通して－，地理学報告 61，pp.25-34.

3) 拙稿（1988）：地域学習における共通問題の設定方法とその検証－小3「商店街」の実践を通して－，地理学報告 66，pp.12-21.

4) 拙稿（1989）：実践三河仏壇における地理教育的視点－第1報－，地理学報告 68，pp.199-207.

5) 松井貞雄（1969）：小学校中学年社会科学習指導の地域観察について，愛知教育大学研究報告（教育科学編）18，pp.1-14.

6) 出石一雄（1970）：地理的見方・考え方の発達に関する実証的研究－地理的能力調査の一例として－，新地理 18-1，pp.44-61.

7) 鳥海　公（1973）：地理的見方・考え方の発達とその啓発－第一報－，房総研究 10，pp.54-63.

　鳥海　公（1973）：地理的見方・考え方の発達とその啓発－第二報－，新地理 21-2，pp.34-48.

　鳥海　公（1973）：地理的見方・考え方の発達とその啓発－第三報－，新地理 21-2，pp.33-39.

　鳥海　公（1973）：地理的見方・考え方の発達とその啓発－第四報－，新地理 21-3，pp.27-35.

8) 朝倉隆太郎（1976）：地理的学習能力の発達と育成，朝倉隆太郎・栃木県教育研究所『社会科学習能力の育成』所収，明治図書，pp.18-93.

9) 安藤正紀（1979）：戦後地理教育界における学力観に関する予察的考察，新地理 27-2，pp.40-48.

10) 山口幸男（1988）：わが国における地理意識研究の分類と文献，新地理 35-4，pp.33-39.

11) 滝口昭二（1973）：小中高における地理的見方・考え方の系統，新地理 21-2，pp.20-31. この研究は様々な文献を挙げて、理論的な系統表を作成している。しかし、厳密な意味での「地理的見方・考え方」の定義には至っていないと筆者は読んだ。

12) 地域論的考察とは、1つの地域内で地域分化した様子やその役割を理解するこ

第5項　結論（地理教育的視点の抽出）　87

と、またその有機的関連を含んでいる。地域形成論的考察とは、1つのまとまった地域がどのように形成されたかを考察することを筆者は想定している。
13）字句解釈として、地理的見方・考え方の定義は難しいが、最終的には実践において検証されなくては、教育上の意味をもたないという意味において、仮に定義するものである。
14）中山修一（1991）:『地理にめざめたアメリカ』古今書院，pp.85-93．
15）地理教育検討委員会（1990）：地理教育検討委員会答申，地理学評論63-6, pp.397．
16）中山修一氏は、「アメリカ合衆国における地理教育復興運動」，人文地理43-5、1991，p.62において日本の社会科にについて、社会制度や政治体制をめぐる知識重視型の学習目標が、批判的思考力や意思決定能力の育成よりも重視されることになり易い、と指摘した。しかしながら、地理教育検討委員会の答申からでも分かるように、小学校の社会科教育の実践では、必ずしもそうなっていない状況がある。
17）筆者が10年間経験した小学校の教育実践では、常に話し合い学習や調べ学習が評価の高いものとされてきた。それらに、体験や作業を取り入れて、様々な授業の工夫がなされている。知識重視型の授業は一部に残るものの、高い評価を受けない現状にある。文部省は同様の指導を実践者に行っている。文部省『小学校学習指導要領』大蔵省印刷局，1988，p.1，第1章総則には「・・・（前略）・・・自ら学ぶ意欲と社会の変化に対応できる能力の育成を図る・・・（後略）・・・」とある。文部省『小学校指導書社会編』学校図書株式会社，1988，p.2に「・・・（前略）・・・社会科における思考力判断力の育成を重視し・・・（後略）・・・」とある。また、教育実践論文の傾向としては、豊田市教育委員会『研究紀要76』，1992，p.48で「論文のテーマを取り上げてみますと、自ら・・・、一人一人の・・・といった子どもの積極的な学習ぶりを前面に押し出したものが目立ちました」とある。
18）文部省前掲17）『小学校学習指導要領』，pp.3-4．
19）特に、教育の問題については、実践した結果としての検証を経なくては、様々な議論も重要な意味をもたないと考える。したがって、理論的な研究に加え、実践上の授業記録を重視する研究姿勢を訴えるものである。
20）なお、この単元に入る前提として、5年生（1989年）の4～5月段階で、全国の地方名や県名、都市名を覚える学習を行った。具体的には、クイズを出したり

プリントを配って学習したり、テストを行うなど基本的な全国地名を押さえる努力を行った。

21) 工場見学から2カ月以上の時間が過ぎていたせいもあるが、むしろ、自動車工場の見学自体が分かりにくいという理由が強い。大きな工場内で数多く立ち並ぶ機械類については、教師が見ても分かりにくいものである。工場の学習だけを考えるならば、食品加工工場の方が理解しやすい。また、自動車工場の見学に限定するならば、見学で雰囲気をつかんだ後で、本稿のようにビデオで局部的に再度集中して映像を見て、解説を聞くという2段構えの指導過程が必要なことが分かった。

22) 東京書籍『新しい社会 5年下』，1988年3月31日改訂検定済，1989年7月10日発行．

23) 東京書籍前掲22)，p.20.

24) この考えには理由があった。最初に5年生を担任した時、立地条件を考えるために豊田の自動車工場や三河仏壇などの個別の事例を取り扱った。しかし、その立地条件がなかなか説明がつかなかった。むしろ、偶然性の方が説得力をもつようになってしまった。それと対照的に、全国スケールの分布の特色から立地条件を考えれば、種々の立地条件が自然と考えられる。このような理由からこの授業を構想したが、その手ごたえは十分にあった。

25) 斉藤 毅（1990)：産業学習の新単元・こんなメニューいかが，教育科学社会科教育 5 No.336，p.55.

26) この実践記録をまとめたときはこのように考えたが、後になって読み直すと、この判断は早計であったと反省する。授業反省など振り返りの記録をまとめた上で、確かな証拠を提示すべきだったと考える。

27) 本稿に資料として掲載した記録は、すべて実際の授業の話し合いをテープ録音して、それを1つ1つ文字として起こしたものである。したがって、子ども達の話し言葉の中に文法上不適切な表現、無用な繰り返しの表現が見られる。本稿では、なるべく授業の実態を生のまま公開するという考えから、あえて修正しなかった点をご理解願いたい。

28) 名古屋市栄小学校5年生の名古屋仏壇の授業（全国小学校社会科研究大会1990年10月27日参観）では、資料の読み取りに甘いものを感じた。もちろん、地域素材を十分に取り入れて調べているという別の観点からは、実にすばらしい実践

であることを認めた上である。
29）イニシャルの次にbまたはgが付いているのは、boy、girlの略である。同じイニシャルの場合、男女の区別をするために付けた。
30）拙稿、前掲2）参照。
32）安藤正紀（1984）：方位概念の獲得－小2「もの位置」を通して－，地理学報告 59，pp.9-17.
33）残念ながら、小学校における現場教師のほとんどは、日本地理学会内で行われている地理教育の議論を知らない。また、アメリカの地理復興運動も知らないのである。このままでは、何も状況は変わらないと考える。

社会科実践フォトアルバム③

小5・逢妻男川の水質調査（1993年）［第6章参照］

小5・水の地中への浸み方（左）や土中の生物（右）を調べる（1993年）［第5章参照］

小5・水流し実験（左）と流れる水の働きの観察（右）（1993年）［第5章参照］

第6章　森林の学習を通した環境教育の展開
－小5社会科実践における地理教育的視点－

　本実践を行い実践記録を書いたのは、私が30代半ばであった。今でこそ、ESD の考え方に移行しつつあるが、当時は環境教育実践の最盛期であった。その内容は、環境のよい場所にある学校の実践が中心で、都市部で環境が心配な場所にある学校の実践は、私の情報網の中では見当たらなかった。教育の現場に張り付いて仕事をしていた私には、各種の教育雑誌ぐらいしか情報が得られなかったが、少なくとも豊田市内では間違いなくそうであった。したがって、本実践が豊田市内有数の住宅地で、児童数1000人程度のマンモス小学校の学区で行われたことは、それ自体意味があると考えていた。今現在もその考えに変わりはない。日々、子ども達と授業したり遊んだりしていた時代が懐かしい。

第1項　はじめに

　近年、環境教育に対する関心が高まり、実践の飛躍的な蓄積が見られる[1]。これは、文部省が作成した『環境教育指導資料』（小学校編、中学校・高校編）や1992年6月にリオデジャネイロで行われた地球環境会議が大きく影響している。
　小学校の環境教育として、有田和正のごみの授業はあまりにも有名である。その著作[2]では、有田流と言えるほどの環境教育の実践や考え方が盛り沢山

に披露されている。この中で「身近な事例を授業化する」点と「希望がもてる環境教育の教材開発」の点が示唆に富む。有田が主張する「身近な事例」とは、ゴミとかトイレットペーパーとかキャベツなど身近な物を指している。しかし、子ども達にとっては、自分たちが住む町の要素（川や道路、公園、工場など）は全て身の周りの環境である。このような地域の環境に目を向ける視点を、有田は採用していない。

河村龍弌は、1つの学校を単位として環境教育に本格的に取り組んだ実践例を紹介している。特に、低学年の生活科を受けて3年生以上に「総合学習」[3]を設定し、有機的・多面的に多くの素材がかかわり合って発生する地域の環境問題を、学校の周りの自然や社会的事象の具体的な観察から見出していこうとする点が示唆に富む。特に地理的手法とは明記されていないが、地域を観察し、実地調査をグループごとに行うなど、地理教育的な内容が多く含まれる実践である。

安藤正紀は、1980年代当初から環境教育について深い理解をもち、研究実践を行ってきた。安藤は「宇宙船地球号」という実践[4]の中で、限りある水資源から人口問題、水質汚染、大気汚染と見事に環境問題を地球的視点で展開している。理科的な実験も交え、科学的な思考の過程をふまえており、環境教育として申し分ない実践である。しかしながら、自分の住んでいる町の環境はどうなんだろうと考える展開ではなかった。また、安藤は別稿[5]で、環境教育的視点は世界的な要請であるが、一方で三沢勝衛や牧口常三郎らの著作から、日本には伝統的に自然と融和する考え方が存在し、教育に生かされてきたと指摘する。さらに、地理教育の指導原理としての環境理論に環境教育的観点が加味される[6]という指摘は重要である。つまり、安藤は地理教育の目的の中に環境教育の目的を含めるべきである主張しているのである。筆者はこの考え方に賛同する。しかしながら、環境問題の複雑さと環境教育の幅広さは学校教育のあらゆる教科に及ぶことが自明である。その中で具体的な実践を通して、どのように地理教育と環境教育をリンクさせていくのかという問題は、まだ十分に議論が尽くされていないと筆者は考える。むしろ、今後様々な論考や実践が積み重ねられて、結論が見出されることであろう。

第1項　はじめに

　さて、本稿はこれまで述べてきた環境教育の実践をふまえて、環境教育に地理教育的視点を導入したら、どのような授業実践が可能で、どのような学習効果が得られるかを明らかにすることを目的とする。そして、結論部分では、実践をふまえて、環境教育に導入可能な地理教育的視点を明らかにしたいと考えている。

　ここで地理教育的視点とは、地理的見方・考え方と同義で使用している。地理的見方・考え方の定義は従来の研究者の間でも完全な一致を見るものではないが、私見[7]として、次の10点をあげておきたい。①位置的考察、②方位や距離的考察、③景観的考察、④実地調査、⑤資料的考察、⑥分布的考察、⑦地域的考察、⑧地域形成論的考察、⑨立地論的考察、⑩地球的考察、以上10点すべてを本実践に取り入れるという意味ではない。小学校社会科の地理教育としては取り入れることが可能ではないかと考えている。

　実践の内容は、小学校5年生社会科「森林の働きから環境教育へ」である。環境教育の実践が日々進んでいる今日において、内容自体は目新しいものとは言えない。ただ、実践では以下の3点に重点をおいて構想した。

　第1点は学習から行動へという道筋を考えた。環境教育の実践事例の多くは、即行動というものが意外に多い[8]。しかしながら、学校教育においては、問題意識をもち、資料を調べたり話し合ったり（学習）した上で行動したいというのが筆者の考えである。つまり、小学校5年生ならば環境問題の概略（大枠）を把握した上で、身近な地域の環境に目を向けていくという道筋を考えた。

　第2点は、下松市立公集（こうしゅう）小学校の事例のように、学校の周り環境観察を取り入れるということである。筆者が勤務している若園小学校は、豊田市の住宅地として発展してきた町にある。住宅が密集しているため付近を流れる逢妻男川（あいづまおがわ）は、生活排水の流入による汚濁が著しい。都市部の環境が良くない場所こそ環境教育にふさわしいと考えている。それは、環境問題の概略の学習と地域の環境問題がつながる場合が多いからである。

　第3点は、環境教育の中での景観的考察や実地調査などの地理教育的視点をより多く取り入れることである。環境教育の1事例として地理教育的視点を多く含む実践が可能ならば、環境教育の中で地理教育の果たす役割が明確になる

表 6-1　本実践の全体像

社会科 （12 時間）	国語科 （10 時間）	道　徳 （1 時間）	理　科 （2 時間）
○森林の働き 　一人調べ 2/27-3/4 　林業士ビデオ 3/6 　話し合い 3/7 ○世界の環境問題 　グループ調べ 3/16 　学区環境点検 3/17	○森林のおくりもの 　範読 2/23 　漢字調べ 2/23 　難語句意味調べ 2/24 　読みとり 2/25-3/10 　①木の使われ方 　②森林のおくりも 　　のとはなにか	○『明るい心』 　ホタルの舞う里 　（自然愛護・環境 　保全）3/11	○流水実験 　流水による地面の 　崩れ方の違い 3/9 ○降雨の酸性度測定 　3/15

ものと考える。

　なお、本実践は表 6-1 にあるように、国語、社会、理科、道徳という 4 教科・領域にまたがる実践である。社会科単独でも可能であるが、小学校 5 年生の最後を飾るにふさわしいテーマ学習として考え、教科の枠を広げるに至った。

　国語科においては、東京書籍『新しい国語　五年下』の中の「森林のおくりもの」と題する説明文の読み取りを行った。理科では、木が植えてある砂山と木が植えてない砂山の両方にジョウロで水を流し、その砂山のくずれ方の違いを確かめる実践と、万能試験紙使った雨水の酸性度を確かめる実験を行った。道徳として、財団法人愛知県教育文化振興会から出版されている『明るい心 5 年』より「ホタルの舞う里」（自然愛護・自然保護）を資料として話し合いを行った。それと合せて、次に紹介する社会科の実践を行ったわけである[9]。社会科の学習の中で環境教育としても十分に成り立つ内容を探し、環境教育の中で地理教育の役割を見出していこうとするものである。

第 2 項　社会科実践の概要

　本実践は 2 つの単元から構成される。1 つは単元「環境を守る森林の働き」

表 6-2 実践「森林の働きから環境教育へ」の実践事例 (1993)

時数	月　日	テーマ	資　料
1	2/26（金）	課題作り	教科書 p.62 和歌山県龍神村の空中写真
2	2/27（土）	一人調べ	教科書、資料集
3	3/3（水）	一人調べ	教科書、資料集
4	3/4（木）	林業の仕事（話し合い）	VTR（NHK 森を守る林業）
5	3/6（土）	森林の働き（話し合い）	教科書 p.67 の図を中心に
6	3/9（火）	世界の環境問題について	教科書 p.72-73 の写真＊1
7	3/12（金）	環境資料作成＊2	
8・9	3/16（火）	世界の環境問題（テーマ別グループ学習）	
10	3/17（水）	学区の環境点検の視点を決める（1校時）	
11	3/17（水）	学区の環境点検の実施（5・6校時）	
12	3/22（月）	環境点検をして分かったこと（話し合い）	
13	3/23（火）	評価	

＊1　広がる砂漠地帯とドイツの酸性雨による被害の2枚の写真からその様子を読みとった。
＊2　児童が持ち寄った資料や教師が用意した資料を印刷して、学級の児童全員が合わせた手作り資料である。

であり、もう1つは「限りある地球と日本の国土」[10]である。教科書の単元としては2つに区切られるが、筆者は連続した1つの単元として授業実践を行い、十分な成果を上げることができた。表 6-2 は、社会科実践を終えた段階で1つにまとめた単元構成である。

(1)「環境を守る森林の働き」の授業概要

　教科書にある和歌山県龍神村(りゅうじんむら)の森林と村の様子が写っている航空写真の読みとりから、本単元の学習を始めた。この授業は、導入と課題設定の両方を兼ねた役割をもっている。航空写真から森林や村の様子を読みとり、それについての考えや疑問を話し合った。子ども達の意見が出尽くしたところで、子ども達の興味関心と教師が指導したいと願っている内容を調整して、共通の学習課題を設定する方法である。共通の学習課題を設定することで、学級での話し合いをスムーズに運ぶ利点がある。この結果、次の2点を学習課題として設定した。①「林業の仕事はどんなものか」②「森林の働きはどんなものか」。課題がわずか2点であったため、課題設定と同時に一人調べに入っ

た。

　一人調べは教科書と本校5年生が採用している資料集によった。授業中は机間指導しながら、子ども達を励ましたり、助言したりして回った。十分に調べができない子や意欲が湧かない子に対しては、少し長く時間をとって個別指導を行った。一人調べの時間を大切にすると、次の話し合いが生き生きとしてくるので、決しておろそかにできない。

　話し合いは、はじめのうち低調だったが、徐々に活発になっていった。①「林業の仕事はどんなものか」の話し合いの途中で、NHKの番組「森を守る林業士」の一部（約10分間）をビデオ資料として見た。子ども達は普段目にすることがない森を守る仕事について、大変熱心に学んでいた。

　②「森林の働きはどんなものか」の話し合いの授業では、森林が水を貯えたり災害を防いだりする働きがあることに気付き、活発な話し合いが展開された。国語の「森林のおくりもの」の読みとりと同時並行の学習のため、内容が重なり理解が一層深まったおかげである。森林の存在が海や川の魚を助けること（魚付林）を知った子どもの一人は、これから森の木を大切にする意見を堂々と述べるほどであった。

　この授業の最中に、AKくんが「大切な森が枯れて砂漠が広がっている」と発言した。AK君の発言は、「酸性雨」や「砂漠化」といった環境問題に関する内容なので、一部の子どもしか事実を知らなかった。教材研究時から、テレビ等の情報により「環境問題」に発展することを期待したが、そのとおりとなった。そこで、後で必ず調べようと約束してこの授業を終えた。次の学習につながる発言をしたAK君はもとより、多くの子ども達がさらに学習を続ける意欲を示していた。

(2)「限りある地球と日本の国土」の授業概要

　前時の授業を受けて、スムーズに環境問題の授業に入ることができた。まず、ドイツの酸性雨で被害を受けたシュバルツバルトと、エチオピアの砂漠地帯の写真を見たが、事実を知らなかった多くの子は驚いていた。また、砂漠地帯の拡大を予想した分布図によれば、オーストラリアのほぼ全域とアフリカ大

陸の北部が、砂漠になる危険が高いことがよく分かった。翌日の朝には、家から環境に関する本『今地球が危ない』シリーズをもってきて、世界の環境問題は酸性雨や砂漠化だけではないことを説明し始める子も現れた。もともと詳しい環境問題の知識を身に付けることを目的としていたわけではないので、地球の温暖化や野生動物の絶滅などいくつかの環境問題があることを紹介しておくことにとどめた。

ところが、子ども達はいろいろ調べたいと言うので、自分の興味ある環境問題を選んで調べることにした。選んだ環境問題ごとにグループを組み、詳しく調べる「グループ学習」とした。ただ、資料が限られていたので、愛知県環境部公害対策課から全児童に配付された『私たちと環境』という副読本と教師が用意した資料を印刷して簡単な環境問題の冊子を作って渡すことにした。

子ども達は、「森林、水、野生動物の絶滅、オゾン層の破壊、酸性雨、地球温暖化」の6つのテーマに分かれて、副読本を中心に自分で見つけた資料も付け加えてグループ学習を進めていった。資料の中には、世界的な砂漠化の進行や絶滅に近い野生動物の種類などが世界地図で表現されていた。それらを読みとる中で分布的考察や地球的考察がグループごとになされていった。グループ学習の最中に道徳の時間に学習した「ホタルの舞う里」に関連して、自分たちの学区を流れる逢妻男川を調べてみたいと「水」のグループが言い出した。もともとあまりきれいな川でないことは承知の発言である。どれくらい汚れているか、調べてみたいという意味であった。多くのグループからも自分の選んだテーマで調べて見たいという意見が出てきたので、それならば学区全部を点検しようと話し合い、コースや調べる方法を考えた。

グループごとに話し合って、それぞれのテーマで、中根神社付近、逢妻男川の川岸、ゴミステーション、アラコ（工場）前道路と見て回った。各グループはそれぞれ環境点検を行った。逢妻男川に入って調べたり、万能試験紙を使って川や中根神社の地中の酸性度を測定したりした。中根神社の雑木林の中で木の種類や空気、地中のムカデを調べるグループもあった。アラコ前の道路では、自動車の通る台数や空気のにおいを調べていた。ゴミステーションでは捨てられているゴミの種類を調べたが、まだ使えるタンスが捨てられているのを見つ

けて、もったいないとノートに記録する子がたくさんいた。子ども達は生き生きと楽しく調べていた。

最後に、学区の環境点検の結果を報告する会をもった。逢妻男川はゴミが大変に多くて汚れていること、川の酸性度はペーハー4～5なので危険であること、中根神社は森があるので空気が良くて環境がいいこと、ムカデを見つけたので地中は安全であること、アラコ前の道路では10分間で178台のトラックや自動車が通ったので、空気が排ガスくさかったこと等本当に多くの報告がなされて1時間の授業時間では足りなかった。

最後にこれから自分たちができることを話し合った。その中では、ゴミを再利用するとか、合成洗剤ではなくなるべく石鹸を使うこと、地域で行われているリサイクルバザーに参加するといった活動の抱負が語られた。普段あまり手を挙げない子が生き生きと手を挙げて発言する姿を見て、調べ学習を経てうまく環境点検活動につなげることができたと実感した。

しかしながら、この結果を地図にまとめて表現するという学習は、残念ながら時間の制約のために行わなかった。春休みには、実際に逢妻男川の上流から下流にかけて観察に出かけたとか、川岸を掃除した、中根神社周辺を散歩した等の報告を4月になってから受けた。本実践を経て、子ども達の環境に対する考え方と行動の変容がうかがわれた。

第3項　授業分析

本項では、本実践における「観察・資料活用」能力および「知識・理解」能力の育成をめざした授業事例として第5時「森林の働き（話し合い）」を、「社会的思考・判断力」能力の育成と環境教育の最終目標としての行動（活動）能力の証左として第13時「環境点検をして分かったこと（話し合い）」を取り上げ、授業分析を行う。分析の観点は、発言の中にいかなる地理教育的視点が見出せるか、である。なお、感心・意欲・態度の評価の内容については、実践全体を通して育成し評価した。第2項の実践の概要から明らかなように、本実践

ではどの子も意欲的に取り組み、学習態度は大変よかった。

(1) 第5時「森林の働き（話し合い）」の授業

　本時は、地表面における森林の多面的な働きとその重要な役割について、資料を通して読みとり、話し合いの中でより広範な知識・理解を子ども達が得ることを目的に行った。

　授業記録6-1を読むと、授業の前半は中心資料から読みとった内容（森林の働きの各要素）が単発的に発言されて、意見の出し合いの様相を見せた。しかし、植物の光合成についての意見が出たところで話し合いがふくらみ（下線②、③）、理科で未習の内容を国語辞典を使って自ら調べる子が出てきた（下線④）。単に中心資料にとどまらず、意欲的に追究していこうとする学習態度が見られたことは高く評価したい。

＜授業記録6-1 「森林の働き」 1993,3,6 第1校時＞
(前略)
AK ：森林は砂漠になるのを防いでくれます。①
YK ：森林の木の実は動物たちの食料になり、人々にとっては森林浴やハイキングを楽しむ場所になります。
KN ：YKさんに似ているんだけど、森林は自然に作られたダムで、森林が水を貯えて雨が降らなくても、川に水が流れ地下水が豊かになります。
IT ：空気をきれいにする。木の葉は二酸化炭素を吸って、酸素を吐き出す。②
T ：みんなは理科でこのことをならっているかな。
SA ：このことをくわしく言うと、光合成という。③
TA ：光合成の意味を調べてみたんだけれど、植物の葉などにある葉緑素が光のエネルギーを使って、空気中の二酸化炭素を根から吸い上げた水分とで、でんぷんを作る働き。④
(中略)
T ：先生がみんなに質問するよ。魚付林ってどういうことだろう？⑤
MI ：魚付林とは、魚のえさや棲みかを作るのに役立つ木のことです。
T ：おかしいな。森林は山の上だよ。なんで水に棲む魚と関係があるんだい？
KN ：魚付林は水辺の森林で、魚は物陰に良く集まる性質があるから、林の陰に魚が集まることがよくある。
KK ：1つ目は、森林が作り出す養分が魚にえさを提供すること、2つ目は森林のこずえが日光を遮って、魚が安心して寄りつけること、もう1つは森林があると雨がどっと降っても水を貯えるので、水がにごったり一度に増えたりしにくいから、魚のためになるということです。⑥

100　第6章　森林の学習を通した環境教育の展開

> T ：うーん、よくわかったね。実はこのことは図書館の『森林の働き』という本に詳しく書かれているんだね。みんな一度読んでみるといいよ。じゃ、森林は洪水を防ぐということについて、だれか説明してくれないかな。⑦
> MH：土砂崩れがもし起きたら、木があると土砂が木にぶつかって土砂を止めるから、土砂崩れを止める働きがあると思う。
> YK：森林の木の根はしっかりと土をかかえて斜面に張り付けてくれる。
> T ：だいぶ分かっているが、まだ十分とはいえないな。これは簡単に実験できるので一度実験して確かめてみるか。ところで、AKくんはさっき砂漠化を防ぐと言っていたね。教科書の次の勉強と深く関連することなんだよ。だれかこのことでもっと意見はないかな？⑧
> 　　　　　　　　　　　　（中略）
> MH：教科書の71ページに書いてあるんだけど、赤道を中心とした地域では毎年日本の本州の約半分にあたる面積の森林が失われると書いてあるから、思ったことで、けっこう伐採しているんだなと思った。
> IT ：森林伐採のことで、牧場や農地や道路を作るために切り開かれたり、工業の原料や木材として使われるために、森林が伐採されると書いてあるけど、思ったことで、人間のためにやることで砂漠になっていくんだなあと思った。
> T ：だいぶ今日の話し合いで森林の働きが分かってきた。しかし、砂漠化を含む環境のところは、あまり手があがらなかった。十分に調べていない人も多いね。もう一度調べてみる必要があると思います。また、森林の洪水を防ぐ働きにつては、一度実験をして確かめてみましょう。⑨

　次に、教師は「魚付（保安）林」について発問した（下線⑤）。教科書に写真と言葉の紹介はあるが、くわしい解説は省かれている。実は、一人調べのときにKKさんが、図書館で借りた『森は生きている』という本[11]で調べているのをつかんでいたので、この子を生かすための発問であった。KKさんは自分が調べた魚付林の内容をていねいに発言できた（下線⑥）。それに対する教師の評価によって（下線⑦）、自ら図書館で資料となる本を探す重要性を筆者は学級の子ども達に指導することもできた。

　後半部分では、前半のAKくんの「森林は砂漠化を防ぐ」という発言（下線①）を取り上げ、次の単元への橋渡しを行った（下線⑧）。しかし、砂漠化についての発言内容は十分ではなく、さらに調べてみようということになった（下線⑨）。このことで、子ども達は砂漠化をはじめ多くの環境問題に対する関心・興味を深めた。

本時は、教科書の資料だけでなく図書館や自宅にある本の検索、および国語の教材「森林のおくりもの」の読みとりから得られた知識を背景として話し合いが行われた。時間的な制約があったため十分な話し合いとは言えないが、環境問題についての学習につなげることができた。また、本時は環境教育の中で必要な知識を子ども達自らが調べ、さらに環境問題に対する興味・関心を引き出すことができた点が重要である。地理教育的視点としては、砂漠化の進行の中で、地球的な考察が見られた。

(2) 第13時「学区の環境点検を終えて」の授業

本時の目標の1つは「社会的思考・判断力」の育成であった。それぞれのグループに分かれて環境点検をしたり、その点検結果から酸性雨の影響はないと判断（下線⑮）したりする発言から、「社会的思考・判断力」の育成は十分にできたと考えられる。

授業記録6-2から、この話し合いの中では様々な環境の点検結果や環境の様子が報告されているが、川岸や流れる水の色に着目した発言（下線⑩⑪）は注目される。また、学区の上流と下流の川の様子（下線⑫）も合わせて、身の周りの環境をていねいに観察しようとする子どもの姿が明らかである。さらに、汚い川の水を採取してきて水質階級表と照らし合わせる試み（下線⑬⑭）は、初歩的ではあるが、科学的な分析をして環境を評価していこうとする子どもの姿があり、社会的思考・判断力の高まりと分析的視点の萌芽を同時に見出すことができる。また、中根神社の土中の虫を掘って調べたり、アラコの前の道路で自動車の通る台数を数えたりすること（下線⑯⑰）は、子どもらしい発想であり、実地調査を重視する姿勢は高く評価できる。本時の発言は、ほとんどが前2時間の学区の環境点検という実地調査に基づいたものであるから、実地調査の視点を十分に満たしていると考えられる。

本時は、環境教育の最終的な目標である行動を報告する授業であった。環境教育全体としては、実地調査だけでなく、身の周りの環境に親しんだり改善したりする広い意味での行動が必要である。その意味で、本時の発言内容は継続的な行動の部分が十分でない面がある。しかしながら、単元全体の学習から行

動に至る流れは自然であり、実地調査をふまえた本時の発言は、行動を始めた段階の内容として妥当である。

＜授業記録6-2 「学区の環境点検を終えて」 1993,3,22 第3校時＞

(前略)

MH：川が汚れはじめて、川岸に黄色や白の花がいくつか咲き始めていた。汚れはじめの証拠です。⑩

T ：じゃ、汚れはじめた証拠なんだね。何という本に書いてあったの？図書館の本ですか？

MH：ハイ、この本です（みんなに見せる）。

EI ：水の色が汚くて緑色みたいになっていた。

SN：私もこの本に書いてあったんだけど、水がきれいなところは水の色が青で、汚れてくると緑色になって、さらに汚れてくると茶色になって、逢妻男川は緑色だから汚かった。⑪

T ：水色から緑になって茶色か。

SN：最後に黒になる。

T ：あっ、最後に黒になるのか。男川は緑色だから汚れはじめということなんだね。よく見たね。

KT：私たちは上流と下流（学区の中の上流と下流という意味－筆者）を見に行ったんだけど、下流は上流よりもゴミが少なかった。⑫

SN：私たちは、汚いところの水をビンにとってきたんだけど、はじめは汚いものが水に混じっていたと思うんだけど、1日たったらビンの底の方にたまってきた。⑬

RO：『私たちと環境』という本の10ページの一番下の「水質階級表」のところで、とってきた水を虫眼鏡で見たら、イトミミズやセスジユスリカという虫のようなものがいたので、とても汚れていることが分かった。⑭

T ：真剣に観察した証拠だね。

(中略)

MM：ぼくは中根神社の土の中の酸性度を調べたんだけど、やっぱり普通だった。えーとペーハー5〜6ぐらいかな。酸性雨の影響はないと思った。⑮

AK：土の中に含まれているものを調べたんだけど、ミミズ2匹、ムカデ2匹、ダンゴ虫1匹、鳥の糞が混じっていた（教室中に驚きの声が上がる）。⑯

T ：カエルはもう少したってからだね。カエルを見つけたかったね。それじゃ、ゴミステーションとか、その他の場所を調べた人に発表してもらおう。

SM：アラコの前の道路では、10分間に車が178台通った。だから、1分間に約18台くらい通ったことになる。⑰

(後略)

第4項　地理教育的視点の抽出（結論にかえて）

　これまでの実践の概要と授業文分析をふまえ、地理教育的視点を抽出すると、以下の諸点があげられる。

(1) 環境問題の分布的考察

　本実践においては、分布図の読み取りの方法を強調して指導することはなかった。その理由は、強引に分布図の読み取りの指導に入ることは、子どもの学習意識にそぐわないという危惧があったからである。しかしながら、世界の環境問題のグループ学習時に、それぞれの環境問題の世界的な広がりの現状把握の学習で、大まかな世界地図による環境問題の分布図を読む学習ができた。その際、個別の指導は行った。実践の最後に環境点検の結果を地図に表現するという工夫が十分に考えられるので、今後の実践に取り入れてみたい。

(2) 資料やグラフの活用および分析的考察

　国語の説明文の読み取りや理科の実験を背景として、森林の働きについて図書館および自宅の本を使って調べる学習の時間の確保ができた。また、世界の環境問題についても自分の興味あるテーマを選んでグループ学習で資料を調べたり、世界地図や資料の中のグラフの分析を行うことができた。指導者としては、子どもが一人調べの時にどのように資料を調べているか把握しておき、話し合いの授業の時に子どもの一人調べを生かす配慮ができた。

(3) 地球的考察

　環境問題の大枠をとらえるために、「森林、水、野生動物の絶滅、オゾン層の破壊、酸性雨、地球の温暖化」に分かれてグループ学習した。その際に使用した副読本や自宅・図書館から持ち寄った本の中には、地球的規模で進む環境問題の記述や資料が豊富に掲載されていた。どのグループも地球的な観点でグループ学習を進めていた。特に、野生動物の絶滅を調べるグループでは、シベリアトラ、マウンテンゴリラ、トキ、イリオモテヤマネコ、アメリカマナ

ティなど、子どもたちが知っている名前の動物が絶滅に瀕していることを知り、ショックを受けていた。その原因として、人間による熱帯雨林やサンゴ礁、湿地などの環境破壊の影響が大きいという記事には、他の学習グループの子ども達も読みに来る状態だった。世界地図に描かれた絶滅に近い野生動物の分布図を調べる中で、十分に地球的・分布的考察ができたと考える。

(4) 景観の観察および実地調査

　景観の観察は航空写真の判読からも可能であるが、小学生の場合には、学区内の実際の景観観察が極めて有効である。日ごろ目にしている風景でも、環境というフィルターを通して観察すると新たな発見が次々と出てくる。その驚きと感動が最後の環境点検から報告会に表れてきたのである。川の水の色、川岸のごみ、神社の森、アラコ前の道路の様子、排気ガスのにおいすらも環境のフィルターを通せば新鮮であった。

　そして、「見学」という社会科の実地調査は、景観の観察と同時並行的に行われる。本実践においては、子どもから学区の環境点検がしたいという申し入れがあり、グループごとに「何を見て何を調べるか」「どのように調べるか」と十分に話し合った。教師がグループ指導で景観の観察や科学的分析を指導したのである。それで、汚れた水の採取や水質階級表との対比、万能試験紙による酸性度の測定、地中の虫の種類と数の調査観察など、多様な科学的方法によって環境点検が行われたわけである。

　このように、本実践から景観の観察や実地調査を重視する地理教育的視点が、身の周りの環境を素材とする環境教育に大きく貢献できるのではないかと考えている。

【謝辞】本稿の内容は、1993年11月21日（日）立命館地理学会において口頭発表し、研究者や実践者の方々のご批判を得た。当日出席され有益な意見を賜った先生方に感謝の意を表するものである。また、本稿をていねいに読み、文章表現上の指摘と有益な助言をいただいた匿名査読の先生方に、心よりお礼申し上げる次第である。

本実践を行い、記録としてまとめた90年代は、環境教育の花盛りの時代だった。地理教育が明らかに環境教育とリンクしていると、地理教育者はだれもが考えていたが、そのリンクの内容は曖昧であり、漠然とそのように考えていた感があった。小学校においては、学級担任制、社会科という範疇、職員の数の制約等から、研究発表校以外に環境教育に正面から取り組む状況にはなかなかならず、その後の道徳や外国語活動の教科化という今日的な課題に直面し、先細りをしている現状がある。

　2000年以降、ESDの概念が次第に普及し始め、教育現場の教師は、言葉だけはだれもが知っているが、ESDの中身は詳しくは知らないというのが、大方の傾向のように思う（一部の先進校の教員や研究者は別にして）。ましてや実践のどの部分がESDに相当するのかも分からないという状況にある。正式にアンケート調査を行って確認した内容ではないが、私の周辺を見渡すと、だれも一言もESDのことを話題にする人はいない。正確さを欠くならば申し訳ないが、一地方の小学校の教育現場では、まだESDは浸透していないというべきだろう。重要な概念であるが、学校教育全体をカバーするほどの大きな概念であり、社会科の範疇だけで議論しきれないだけに、今後の社会科地理教育との関係が注目されるところである。私は引き続き情報を検索したり、機会が得られれば、学会等の発表を聴いて関心をもっていきたいと考えている。

【実践記録初出】拙稿（1998）：森林の学習を通した環境教育の展開－小学校5年生社会科実践における地理教育的視点－，新地理（日本地理教育学会）44-4，pp.20-29.

注および参考文献

1) 例えば、小学館が行った第2回全国小学校・中学校環境教育賞では360件、第3回では314件もの多種多様なレポートが寄せられた。詳しくは小学館（1994・1995）：『子どもと楽しむ環境教育ガイド』参照。

2) 有田和正（1993）:『「環境問題」の教材開発と授業』明治図書，pp.152-160.
3) 河村龍弌（1994）:『実践で生きる環境教育』大日本図書，pp.166-195.
4) 安藤正紀（1986）:6年「宇宙船地球号」汚染の進む地球を考える学習，佐島群巳・須田垣男編『「環境を見つめる」学習と方法』所収，教育出版，pp.144-163.
5) 安藤正紀・榊原康男（1980）:三沢勝衛の地理教育論－環境教育の視点からの見直し－，愛知教育大学教科教育センター研究報告4，pp.103-111.
6) 安藤正紀（1985）:環境教育の考え方と地理教育，地理30-7，pp.121-127.
7) 拙稿（1993）:小学校社会科における地理教育的視点－豊田の自動車工業を事例として－，立命館地理学5，pp.31-43で、地理的見方・考え方について従来の研究を整理したので参照いただければ幸いである。
8) 前掲1) 小学館（1994・1995）を参照。伊藤裕康（1994）:小学校5年生社会科「伝統的な技術を生かした工業」の教材化(2)，地理学報告79，pp.39で指摘するように、先行の環境教育実践に自分の実践を位置づけて展開することが望ましい。しかし、小学校の研究実践に限らず、全国の多くの研究実践の動向を正確に把握することは難しい現状にある。筆者未見の環境教育に関する著作や実践記録が多々あると思われる。ご指摘をいただければ幸いである。
9) 環境教育の本実践は、1993年2月26日から3月22日までの期間で行われた。その具体的な展開過程の詳細は、拙稿（1994）:小学校における環境教育の実践－小学校5年生社会科、理科、国語科、道徳を統合した実践内容の展開－，MELLOW SOCIETY GAZETT4-5，pp.2-9を参照されたい。
10) 宇沢弘文・寺崎昌男（1992）:『新しい社会5 下』東京書籍．（1991年2月28日文部省検定済み）
11) 富山和子（1981）:『森は生きている』講談社，pp.93-105.

第7章 生活科における地理的能力および安全意識の育成
－小2「通学路の安全チェック」の実践を通して－

第1項 はじめに

　小学校低学年の児童は、地理的能力が未分化で十分に発達していないと言われるが、そのような状態の時から少しずつ地理的な見方や考え方を育ててゆけば、何も教育しない場合に比べて将来的には格段の差異が生まれるのではないだろうか。筆者はできるだけ早くから地理的能力を育ててみたいと考えていた。同時に、子どもの安全はこれでよいのか？とつねづね考えてきた。性犯罪や子どもをねらった犯罪に対して、小学校では年に数回の学活における指導と日常的な呼びかけ、そして下校時の安全パトロールと、10年前に比べれば格段に進歩した指導がある。しかしながら、まだ十分とは言い難い。特に低学年は体が小さく、集団の意識が十分でないために、集団で登下校していても個別の登下校と似た状況が生まれる可能性があり、児童一人ひとりが安全の学習を経た上で安全意識をもつことがもとめられる。そこで、生活科の「町探検」の学習の際に地理的能力を育てながら、通学路の安全を確かめるような実践を取り入れることを構想した。

第2項 低学年児童における地理的能力と安全の観点

(1) 低学年児童の地理的能力について

　中野重人監修「実践生活科の授業」第十巻『町の探検』[1)]には、全国各地の小学校による町探検の実践が紹介されている。ほとんどが床地図（教師作成）

の上に児童が見つけたものを絵にして貼っていく実践であったが、1つだけ北海道教育大学附属函館小学校では、児童個人が絵地図に表現する手法をとっている。安藤正紀は『子どもたちの秘密基地』[2]において、2年生の児童による秘密基地の手書き地図をいくつか提示している。これらの実践により、すでに先行事例が存在していることから、2年生の児童が手書き地図を描くことは全く無謀な試みではないことが分かる。ただ、高度な絵地図を要求することはできないであろう。小学校3年生の社会科学習では、本格的な地域学習が始まる。その時になって初めて絵地図指導を行うのではなく、2年生の「町探検」で初歩的な絵地図指導をしておく方がより円滑に社会科に入っていけると考える。そこで今回の実践では、2年生の児童に無理のない形で場所と方位と距離、そして簡単な地図記号に限定して絵地図を個人的に手描きさせることを試みたい[3]。

(2) なぜ低学年に安全の観点が必要か？

　近年の子どもたちに対する安全への配慮は依然と比べ格段の差がある。地域安全ボランティアの実施、下校時の教師による呼びかけと引率指導、交通指導員の下校時指導、こども110番の家指定などである。どれもこれも大切であり効果を上げている内容である。ただ子ども自らが身を守ることを学ぶ機会とはなっていない。社会生活の円滑な適応を目標の1つとする生活科で、積極的な安全学習を行うことは意味のあることである。低学年のうちに安全に対する意識を身に付けておけば、行動範囲が広がり始める小学校中学年への準備としても有効であると考えた。気になるお店や場所へ班行動で探検する町探検の実践が多い中、まず身の周りの安全を意識しながら行動する探検をしたいと考えた。

　最近PTA行事などで親子で安全マップを作るという実践が少しずつ試みられている。しかし、高学年が中心であり低学年の子たちは付いて回るのが精いっぱいという現状のようである。本来保護者の送迎がなくなる1年生から安全教育を本格的に始めなければならないと考える。学級指導などで行われてはいるが、生活科や総合的な学習で授業として、ぜひ取り上げたい内容である。野田敦敬（愛知教育大学）は平成18年度豊田市教育研究会生活科主任研修会にお

いて安全な登下校に関する指導が生活科の現代的な課題であると述べた。この指摘も後押しとなって、今回は学年の先生方の協力を得ながら実践を試みた。

第3項　めざす子ども像と研究仮説

（1）めざす子ども像

> 家から学校までの通学路周辺の空間的広がりを認識し、
> 　　　　　　　　　　　　　　　安全に留意できる子ども

（2）研究の仮説と手だて

＜仮説＞
　ア　通学路を探検すれば、通学路周辺の空間的な広がりを初歩的に認識する児童が現われるであろう
　イ　探検した結果を絵地図に表現する作業をすれば、地理的な能力を学ぶ児童が現われるであろう。
　ウ　初夏と秋の2回の探検をすれば、季節的な変化に気付く児童が現われるであろう。
　エ　通学路の安全という視点を探検に付加すれば、安全をよりはっきり意識する児童が現われるであろう。
　なお、町探検や絵地図作成に際しては、子どもたちが楽しく参加できることを実践の前提にしたい。

＜手だて＞
　ア　通学路の探検を行う際に目印になる建物に着目し、教師の適切な助言を行う。
　イ　絵地図を作成する際に家の近い児童同士が集まって見つけた物を話しな

がら描く。
ウ　絵地図の作成途中で教師が個別に助言し、地理的能力を目覚めさせ、引き出す契機とする。
エ　安全に関する視点を絵地図と組み合わせて積極的に学ぶ姿勢を身に付ける。

(3) 学級の様子と検証する児童

　本学級は男子17名女子17名計34名である。全体的に明るく友達同士の仲はよい。検証児童としては高い能力をもつY子、中程度のD男、学力が低めのA子の3名を選んだ[4]。以上の3名に注目して実践を続け、仮説の検証を行っていきたい。

第4項　実践第一次「つうがくろのたんけんをしよう」

(1) 町探検の準備

　2年生の生活科は学校の中の春探しから始まった。アブラナ、チューリップ、サクラ、モンシロチョウなど春の証拠を見つけてきた。さらに、5月の連休前後に宿題として「家族と家の周りを散歩して春を見つけてこよう」と呼びかけた。多くの子たちが反応してくれた。「チョウを見つけたよ」、「花をみつけたよ」、「サツキが咲いていたよ」、「麦の穂が茶色くなっていたよ」など様々な報告が寄せられた。家族とのふれあいも図られたためよい宿題となった。
　次に取り組んだのは、家から学校までの道を絵地図に描く作業である。家と学校およびその周辺がどれくらいつながっているかを探るための学習であった。一人ひとりの絵地図を分析してみると、学区の探検と言えども2年生の子どもたちにとって家周辺と学校と習い事で行く施設、家族と一緒に行くスーパーマーケットぐらいしか知らないのが現状であった。そこで学区を知る手がかりとして通学路を取り上げた。普段通ってない友だちが通る通学

路は、子どもたちにとって未知の世界であり、町探検の最初にふさわしいと考えた。

(2) 杉浦邸方面へ探検に

前山小学校の通学路は、校舎が学区の北の端にある関係から、北以外の3

図7-1 単元構想図

方向から学校に集まってくる。つまり、西から杉浦邸方面、南からJA方面、東から水源方面である。6月25日に学校の正門を出て西に向かった。途中のトヨタ自動車学校前で立ち止まり、周囲の景観観察を行った（＜手だて＞ア・＜仮説＞アの検証）。その地点から見て北はトヨタ自動車学校の校舎だが、南には自動車教習の練習場が広がり、その先には河合町や前山町の高層マンション群が見えた。民家が立ち並ぶ中にマンションが見えるので、際立って都市的景観になる。これにより、小学校の南から西にかけての周囲の状況をとらえることができた。次に杉浦邸という大きなお屋敷のそばを通り秋葉神社をめざした。明和町に続く民家でうまる町並みである。秋葉神社は小さな町の神社であるが、小高いところにあるので道路から敷地の中は見えない。子どもだけで遊んでいると危険な場合も考えられる。今回の探検ではクラス単位で担任が引率しているので安全上問題はないが[5]、秋の安全チェックの学習（第二次）では1つの焦点となる場所である。到着後は学級で楽しく遊んで学校に戻ってきた。

（3）JA方面へ探検に

　第2回の町探検は6月30日に小学校の南のJA方面をめざして探検に出かけた。途中にメグリア豊南店、マルマンパチンコ店、JA豊南支店、すぎた酒店などがあり、朝夕は通勤や買い物客の車で渋滞する道路である。JA豊南支店より南は次第に民家が少なくなり、河合町地内に入ると、麦や野菜畑、水田がまだらに広がる調整区域に至る。その景観の変化と街中での自然を見つけるために探検に出た。子どもたちは途中の道路端に植えられているサツキ、道路のタンポポ、飛んでくるツバメ、トンボ、チョウ等に気が付いて意欲的に観察した。特に国語の説明文で学習したタンポポの綿毛の様子を実物で観察できたのはよかった。また、河合町のローソン付近まで来て立ち止まって休憩しながら広がる畑地帯を観察した（＜手だて＞ア・＜仮説＞アの検証）。帰路にはJA交差点の角に大人の背丈ほどもあるアジサイを確認し、一同驚きながら小学校に戻った。

（4）水源町方面へ探検に

　第3回では7月5日に小学校の東門を出て南に下り、水源中央公園をめざした。途中に多くの児童が卒園したトヨタ幼稚園があり、懐かしそうに中をながめたり、自分の弟や妹を送りにきた母親を見つける子もいた。また、東の先に見える豊南中学校の校舎も紹介しながら水源中央公園に到着した。ここでは一回り公園内を観察して、公園の周りには民家が集まって建っていることを確認した（＜手だて＞ア・＜仮説＞アの検証）。検証児D男の家もこの近くに建っており、よく遊びに来ることを話していた。

（5）授業分析

　学校に戻ってから、見つけた物の発表と絵地図に記入する作業を3回の探検ごとに行った。近くに住んでいる子ども同士が集まって探検した結果を絵地図に記入する＜手だて＞イを取ると、似た発見を共有できるので話が弾み絵地図の記入が進んだ。多少騒がしくはなるが、互いに教え合いながら楽しそう話し合いながら記入することで、探検と絵地図の学習は楽しいという雰囲気を作ることができた。（＜手だて＞イの実践）。

　授業記録7-1～3の発言①（C4）は検証児童Y子の発言で、初めから空間的な広がりを認識した観察を行ったことが分かる。発言③（C7）④（C2）は河合町の調整地域で畑が広がっている様子についての空間認識を示すものである。このC7とC2は発言が多い児童であり空間認識を示す証左となっている。

＜授業記録7-1　2007,6,22 町探検：秋葉神社方面＞
T　：秋葉神社へ町探検に行ったでしょう。楽しかったね。そこで見つけたことを発表してもらおうと思います。
C2：車の練習場がありました。
C3：Tステージが見えました。
T　：TステージというのはC3くんが住んでいるマンションの名前ですね。みんなはこの自動車学校の練習場の先の南にマンションをいくつか見つけたはずですよ。
C4：<u>フジケンというマンションが見えました。</u>①
C5：わたしのおばあちゃんの家がありました。
　　　　　　　　　　　　　　（後略）

＜授業記録7-2　2007,6,28　町探検：JA方面＞

T　：今日はさっき探検したJA方面で見つけたことを発表してもらいます。小学校の正門から見て、南の方角にあたります。
C2　：くもの巣を見つけました。
C13：M子ちゃんのお家を見つけました。②
C3　：老人ホームがありました。
C8　：くすりやさんがありました。⑥
C12：自分のマンションが見えました。
C7　：たんぼがありました。③
C2　：何も植わってない畑がありました。④
T　：そうなんだね。河合町の南には田や畑が広がっているのです。少し前5月の終わりから6月の初めにかけては麦の穂の茶色が美しかったんだよ。

（後略）

＜授業記録7-3　2007,7,5　町探検：水源中央広場方面＞

T　：きのう探検した水源中央広場方面で見つけたこと、覚えていることを発表しよう。
C2　：トヨタ幼稚園に妹がいました。
C7　：C9ちゃんのお母さんをトヨタ幼稚園で見ました。
C15：トヨタ幼稚園の向こうに豊南中学校の建物が見えました。⑤

（中略）

T　：かくれおにで意見がある人！
C4　：かくれおにで、ちょっとにげたらタッチされました。

（後略）

発言②（C13）の検証児童A子は、セブンイレブンの南にM子の家を見つけたことを発言している。級友の家を見つけることはうれしいに違いない。この発言から学力があまり高くなくても空間的な広がりを認識している兆候が分かる。発言⑥（C8）は検証児童D男である。発言⑤（C15）は教師の適切な助言を覚えていて、豊南中学校の校舎が見えたという発言である。発言⑤（C15）⑥（C8）共に教師の適切な助言を覚えていたからこそできた発言であるので、＜仮説＞ア、＜手だて＞アは十分に検証できた。

最後に検証児童A子が描いた絵地図（図7-2）を提示する。前山小学校とセブンイレブン、自分の住んでいるマンションの位置関係は正しいが、距離の関係が正確でなく、方位も示されていない。A子は絵が好きな子で、はっき

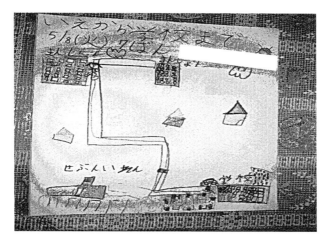

図7-2　A子が描いた絵地図

りと子どもらしい絵地図が描かれていて、好ましい印象を与える作品といえる。

第5項　実践第二次「通学路の安全チェックをしよう」

(1) 実践の準備

　9月に入り夏休みの雰囲気がなかなか抜け出せない中、通学路の安全チェック実施に向けての準備を行った。『みんなの安全』を使って通学路や家の周りの安全について学んだ。具体的には、同書の24〜27ページを見ながら、危険だと思える子どもをの絵を見つけて、どんな風に危険なのかを発表していった。多くの子が危険な行為を知っているので、意見はたくさん出た。また、4月に届いた「大切ないのちとあんぜん」というパンフレットを使って不審者に対する対応の仕方を9月中旬の3連休前に確認していった。

　低学年の児童にとって「安全」という言葉の中には3つの内容が含まれていると考えられる。1つは交通安全、2つは不審者に対する安全、3つは場所

に対する安全である。1つめの交通安全教育は世間的にも重要性が認識されて充実している。2つめの不審者に対する安全は、体が小さいため低学年の児童にとって大切であるが、交通安全教育に比べると充実しているとは言えない。また、3つめの場所の安全性（川や用水路、崖、洞穴、池等）も小学校教育の通学団指導で簡単に行われているものの、基本的には家庭に任されていると言っても過言ではない。しかしながら、最近の家庭では家族の会話が少ないため、安全にまで話が及ぶことは少ない事情がある。その証拠に、クラスの児童を対象にしたアンケートで、何らかの安全に対する話をしたことがあるという答えは、わずかに5/34（14.7％）であった。安全に対して一番不安のある低学年の児童が、一番危ないという状況にさらされているので、真剣に安全教育に取り組まねばならないと考えた次第である。そこで、「危険だなという場所を探そうよ」と話しかけて、その結果を自分なりに絵地図に表してみることもがんばろう呼びかけた。子どもたちは内容をよく理解し、やってみることに意欲を示した。

　通学路の安全チェックを行う班は、同じ通学路を使う仲間同士が組むのが一番良いと考えた。同じ認識・活動を共有でき、共通の話題で安全に対する認識が深まる効果が期待できるからである。＜手だて＞イによる方法が、結果的にこの安全チェックにも生きてきた。

　次に、町探検「通学路の安全チェック」の計画を立てる作業を行うと共に、各班につく保護者ボランティアの方々と連絡を密に行った[6]。

(2) 実践町探検「通学路の安全チェック」の概要

　9月18日（火）午前10時30分より1時間半ほどの予定で班ごとに出発した。私が担当するヘルスバンク方面の7名の子どもたちは、元気いっぱい出発した。子どもたちは、気温が30度近くになる暑い中を、ゆっくり立ち止まりながらメモをとり、話をしながら調べていった。筆者は、周りの安全を確かめた所で立ち止まって話をしたりメモをとったりするように助言した。

　前山小学校の周りは家が密集し車の通りが多く、歩道や歩道橋の整備が進んでいる点は認められるが、歩道と駐車場の出入り口が交差する地点は数限りな

くある。低学年の子が何気なしに走ったとすると歩道であっても車との接触事故が起こる危険性は高い。このことについての意識は通学路の安全チェックという観点から調べないと中々身に付かないものであるが、この気付きが当日のグループ調べからどんどん見つかってきた。

水源方面へ探険したグループは、途中で栗の木を見つけたので、い̇ がを一生懸命に落としたそうである。また、幹線は歩道が完備しているが、住宅密集地の中の道路は急な坂道であったり、車一台がようやく通れる細い道であったりと、子どもの一人歩きには危険が多く、そのような点を子ども自らが見付けていた。ときどき不審者が住宅地に出没することも子どもたちの間で話題になっていたそうである（引率したボランティアのお母さんの話）。

杉浦邸方面へ探険したグループは 6 月 19 日に町探険した秋葉神社の前を通って手島理容店まで安全チェックを行った。この道路は狭くて歩道のないのが特徴で、特に朝の通学時間帯はトヨタ自動車本社工場に通う車が多く通る危険な道路である。交通安全から言えば一番危ない道路と言える。この点を 2 年生が意識できれば素晴らしい成果である。帰校してから結果を絵地図に記入した[7]。

（3）授業分析

9 月 20 日（木）3 校時に町探険（通学路の安全チェック）から分かったことを発表した。2 年生なので話し合いにまでは達していないが、発表された内容は安全チェックとして重要である（授業記録 7-4 参照）。

下線①（C14）の発言は不審者を警戒した気づきとして大切にしたい。都市の盲点として大人も気付かないことである。大きな看板は駐車場から出てくる車の運転者の見通しも奪うので交通安全の観点からも危険である。

続いて下線②（C10）の発言も重要である。不審者も大事だが、修理屋さんの道具置き場というのは様々な道具や資材が置いてあるので、毎日その前を通って学校に通う子どもたちにとっては、つい隠れて遊ぶということも可能性としてある。崩れて事故が起きれば大変である。2 年生の子がその危険性に気付いたという事実は大きいと言える。

118　第7章　生活科における地理的能力および安全意識の育成

<授業記録7-4　2007,9,20 町たんけんからわかったこと>

T ：18日にお母さんたち3人にボランティアをお願いして、まちたんけんに出かけました。通学路の安全について、それぞれ分かれて調べてきたんだよね。その結果を発表してもらおうと思います。まず、セントビスタ方面へ調べに行った人たちからお願いします。

C2 ：ぼくの家のマンションをでたところから集合場所に行くまでに、ちょっと段差があって、下をよく見ないとつまずきそうになることがあるから危ない。

T ：なるほど。車いすなんてとんでもないね。

C14：パチンコ屋さんの駐車場に大きな看板がある。その裏あたりに不審者が隠れているかもしれない。①

C10：セントビスタ前に車の修理屋さんがあって、そこにはこわれてる車や土管やいろいろなものが置いてある。修理屋さんの建物といろいろなものが置いてある間に不審者が隠れているかもしれない。②

C17：とこやさんの近くにせまい道があって、そこは車1台しか通れないから、すれ違うときとても苦労する。気をつけないとあぶない。③

T ：うーん、なるほど。そうだよなあ。交通安全と不審者といろいろ注意しないと行けない場所があるね。さ、それでは東門から水源町に行った人たちに発表してもらおう。

C8 ：赤土山のところは木がいっぱいだから、不審者が出るかもしれない。

C6 ：道路をわたるところに栗の木があって栗がとれるけど何かあぶない感じがする④

（後略）

　下線③（C17）の発言も注目したい。朝の通学時には通勤の車がスピードを出して通る場合がある。交通弱者の2年生は各自がこのような危険性を意識しながら道路を歩く必要がある。

　このように不審者や交通安全、場所の危険性を認識した発言がどんどん出て止まらない状況になったことは、＜仮説＞エ通学路の安全という視点を町探険に付加した結果、児童が安全をより明確に意識した証左であり、この実践は成功したと言える。さらに、下線④（C6）栗の木の発見はおもしろい。男児数人が栗のいがを落とすという季節の変化に敏感に反応した結果である。9月18日という時期は栗のいがが大きく育ち、通学路周辺の景観に季節の変化が現れてくる頃である。町探険でその変化に敏感に反応した児童が数人現れたことは、＜仮説＞ウの証左となる。ただし、発言内容はいがの危険性を指摘している。C6の児童は安全を意識しすぎて少し無理をしている。

　ここで検証児童の発言に注目しておきたい。C8が検証児童D男である。不

審者に対しての認識が高まっている発言として評価したい。C10 の発言特に②は①の発言を補う発言であった。高い能力を有するだけあって教師が補うべき内容を Y 子は発言した。C17 発言下線③は検証児童 A 子である。交通安全についての発言を家の近くで指摘している。実は、9 月下旬の 3 連休で保護者に家の近くの安全チェックをお願いしたのであるが、A 子はすでに家の近くの交通安全について気づいていて発言した結果となった。前の発言とのつながりはとぎれているが、子どもの発言とはこのようなことがいくらでも起こりえるものである。発言内容はどれも安全について認識している証左ではある。3 人の検証児童の発言は共に通学路の安全チェックという目的に沿った内容であり、＜仮説＞エは十分に達成できたと言える。

(4) 家の近くの安全チェックをしよう

9 月 22 日～24 日の 3 連休に保護者の方々に「家の周りの安全チェック」を依頼した。子どもと保護者が一緒に家の周りを巡り安全チェックをする試みである。生活科の授業では個別の家の周りまではできないので、やむなくお願いしたのであるが、保護者の方々によく理解していただき、多くの方々に実践していただいた。ここでは検証児童の記録を紹介し、実践の補いとしたい。

A 子は家の周りで 2 点の危険な場所を発見した。1 点はマンションに敷設されている遊具である。乗るとゆらゆら揺れるので危険だと指摘している。2 点目は家（マンション）の近くの道路で飛び出すと危ないという指摘であった。共に真剣に保護者と共に安全チェックした跡がうかがえる。

D 男は 7 月に行った水源中央公園の近くに住んでいる。その公園の周囲のどぶの危険性と家の前の坂道の危険性を指摘した。以前誰かが自転車で下っていて車に轢かれた事実を記録している。これは保護者と話しながら安全チェックを行った証拠である。D 男が日ごろの生活で自転車に乗るときに気を付けなければならない重要な気づきであった。

Y 子は 3 点記録した。記録の中で道路を横断するときの注意事項は注目に値する。朝の登校時に車の渋滞中、歩行者を渡すために一時停止する運転者がある。そのような時に、Y 子は道の途中まで横断して立ち止まり、反対車線の車

が来ないかどうか確かめるという指摘を行った。横断者から見て右方向の車が一時停止しても、歩行者が反対車線を確かめずに渡っては危険である。筆者は横断歩道前で一時停止した時、歩行者に反対車線を確かめるように指さしで示すようにしている。時には反対車線の車が歩行者に気づかずに横断歩道を走り去ることが何度かあった。歩行者保護のためには重要である。これは保護者の助言があって初めて気づく内容だと考えられるが、高度な気づきである。しかし、小1も含めて低学年から実行できなければならない交通安全の観点であろう。

(5) 絵地図の完成

　地図記号を児童と共に考えたが、マンションやスーパーなど限られたものであった。そこで、教師がクイズ形式で地図記号を示し、それが何を示すものかという授業に修正した。工場、発電所、学校、水田、畑、神社、お寺などの地図記号を示すと、子どもたちはああでもないこうでもないと考えどんどん発言してきた。2年生には無理かなと思った地図記号の授業は多くの子たちにとって興味ある内容であることが分かった。授業の後自分の絵地図に記号を書き込んで完成した。検証児童3人の絵地図を掲載しその証左としたい。Y子の絵地図（7-3）はとても優秀である。方位と共に記号が生かされて分かりやすい絵地図が完成した。D男の絵地図（7-5）は学力に見合わず表現が下手であった。本人の中では分かっているが、その描き方は十分でなかった。ただ汚く見える折り紙は本人が絵地図右下に書いているように今まで通ったことのある道である。地図の出来映えとは関係なく、地図と頭の中はかなり整理されていることが予想できる。A子は能力は低めだが色彩感覚に優れていて分かりやすい絵地図を描いた（図7-4）。小学校と自宅の関係、そして方位が付け加えられている。本人の能力いっぱい描いていて好感がもてる（図7-2と比較されたい）。この結果から、小学校2年生全員とは言えないまでも、多くの子にとって絵地図に町探検の結果を描く作業は可能であるし、空間認識を育てるために有効であるという結論に至った。

第5項　実践第二次「通学路の安全チェックをしよう」　121

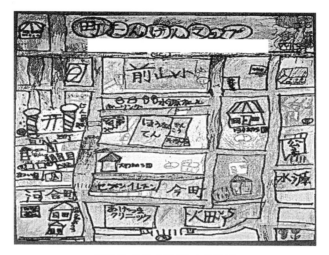

図7-3　Y子の完成した絵地図

図7-4　A子の完成した絵地図（図7-2と比較されたい）

122　第 7 章　生活科における地理的能力および安全意識の育成

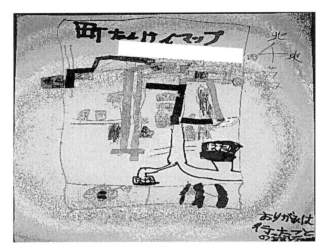

図 7-5　D男の完成した絵地図

第 6 項　実践を終えて

　2年生の児童に絵地図を個別に描くと言うことは必ずしも無理難題ではないことが分かった。また、通学路を中心とする町探検を実施することによって、通学路の周囲の空間認識が子どもたちに広がり始めたことも今回の実践によって確かめられた。さらに、通学路および家の周囲の安全チェックという視点を取り入れて実施した町探検では、低学年の子に必要な安全意識が全員の児童に身に付き、季節の変化に気づく児童も現れたことが検証できた。
　しかしながら、2年生の児童にとって絵地図の距離感については成功しなかった。縮尺という考えにつなげるために、家と学校の距離を歩数で数えたり、学校の正門から東門までの歩数と実際の距離を測ったりしたのであるが、子どもたちにとってピンとこなかったようである。実際には家と学校までの歩数はなかなか数えられなかった。下校時に友だちから声をかけられたり、数字を一瞬忘れたりして歩数が正確に数えることができないと子どもたちは話し

た。また、学校の正門と東門の間が110メートルくらいであり、絵地図上では数センチメートルに表されるということが理解できなかった。

　このように縮尺を除く地理的な能力の基礎を小学校2年生の児童に伸ばすことには成功したと言えるが、児童個々の安全マップ作成については、まだ十分とは言い難い。検証児童3名の絵地図を見ても、残念ながら危険箇所の表現が明確に表されていないのが現状である。実践後確実に児童の安全意識は高まったのだが、危険な場所をマップ上でどう表現するかが難しかった。マップの原本を見るといくつも記入が見られるのだが、×などで記入してあるために目立たない。表現方法でずいぶん迷った跡がうかがえる。私も有効な助言ができずに実践を終えることになった。

　2008年12月勤務校がようやく安全マップの配布を実家庭に行った。この安全マップは、児童が家の周辺の安全を保護者と共に確認して、ドクロマーク（危険箇所）のシールを貼るという工夫がなされている。単なる配布に終われば、真剣に見ないで壁に貼るだけの結果に終わることを危惧した本校の安全プロジェクトチームが考案した方法である。筆者の実践から1年以上が過ぎての取り組みであるが、その工夫や取り組みに対する熱意は十分に評価できる。この取り組みにより前山小学校の安全マップに対する表現方法の基準が示されて、さらに低学年の安全指導が進むと考えられる。今後、全国的な低学年児童の安全意識向上と生活科への意欲的な取り組みに期待したい。

　その他の今後の課題としては次の点がある。1つは保護者ボランティアの方々に引率の責任を負わせるのが適切かどうかであり、生活科・社会科・総合の分野で検討する必要がある。2つ目は、本稿の実践内容をどのように全国に広めていくのかということである。一番効果がある方法は文部科学省が小学校の教師に絵地図を活用した実践例をパンフレットなどで広報することだと考える[8]。

【謝辞】本稿の内容は、2008年7月21日、日本地理教育学会で研究発表を行いご批判をいただいた。本実践の内容は、愛知教育大学地理学会における大西宏治先生（富山大学）による講演「地域安全マップへの地理学

からの貢献の可能性」（2007年6月30日）が出発点となっている。また、寺本　潔先生（愛知教育大学）からいくつかの有益なご指摘をいただいた。ここに記して感謝申し上げる次第である。

　本書の題名に『社会科地理教育実践』と冠しているが、本章は生活科の実践である。私の年齢が50歳前後から小学校低学年を担任することが多くなった。ベテランの部類に入り、若い教師の手本となり、高学年の基礎をつくれという管理職の配慮であろう。私自身はその意向を感じ取って喜んで担任したのであるが、社会科の授業が直接できなくなったのには困った。低学年の担任は社会科の授業は物理的に無理なので、生活科の授業の中から社会科的な要素を見つけ出し、その授業の工夫を地理教育と関連づけて実践したというわけである。

　この低学年担任は楽しかった。体力的には厳しいこともあったが、低学年の児童は孫のようにかわいく感じ、やんちゃな子たちも要所を締めればむしろやりやすかった。また、発達障害の児童がいて難しい対応を迫られたこともあったが、私自身が年齢を重ね、保護者の気持ちが理解できるようになったせいか、トラブルには発展しなかった。もちろん、当時の学年を構成する先生方や管理職の先生方のご協力の賜物であり、私一人の力ではない。そのような意味で、職場の和、職員のティームワーク、人と人とのつながりの大切さと素晴らしさを感じた中での研究実践だった。

　ところで、生活科は低学年の子どもたちの自立を図る教科である。町探検の教材といえども地理教育が前面に出てはならない。自分や友達の通学路とその周辺の様子を認識し、安全に気を付けて登下校ができることが大切である。また、通学路や自分の家の周囲の安全を低学年の児童自ら意識できることが第一の目標である。しかしながら、自宅や通学路の周囲の様子を観察するときに、その認識を記録に残したいと考えたとき、どうしても絵地図という発想につながるのではないか。絵地図に表現しようと考えるのが自然なのではないか。さらに、友人に観察の結果を教室で説明しよ

うとするとき、絵地図が必要となることも大方の人は納得すると思う。私はそれが社会科（生活科）地理教育だと考える。

そこから発展して、友人の家へ遊びに行くときに注意をしなくてはいけない場所を知り、その情報交換やコミュニケーションが円滑にできる能力を育てることは、とても大切なことであり、地理教育的要素はどうしても必要だと考えている。

【実践記録初出】拙稿（2009）：生活科における地理的能力及び安全意識の育成－2年生「通学路の安全チェック」の実践を通して－，地理教育研究（全国地理教育学会）NO.3, pp.43-50.

注および参考文献

1) 中野重人（1992）：「実践生活科の授業」第十巻『町の探検』同朋社出版.
2) 安藤正紀（1991）：『子どもたちの秘密基地』，人間選書158，農文協.
3) 東京書籍が発行する小学校2年生の国語の教科書には、1月ごろの教材として絵地図を描く学習が紹介されている。
4) 学力が高い低いというのは、単に知能指数から判断したわけではない。詳細は公表できないが、学級を経営し子どもたちの人間関係を把握する中で、9教科の成績と授業に対する意欲的な態度や理解度・体験活動の取り組み状況など総合して決定した。小学校の学級担任制のよい点は、子どもを丸ごと全体像で理解できる点ではないだろうか。中学校ではそうならない場合がある。
5) 小宮信夫（2005）：『犯罪は「この場所」で起こる』，光文社新書219.
6) 寺本　潔（2007）：『社会科のおけるフィールドワーク指導技術育成プログラムの研究　研究成果報告書』中部日本教育文化会，2007年3月31日.
7) 5月に取り組んだ家から学校までの道筋の絵地図と今回の研究実践で描いている絵地図は同じ物ではない。研究実践に際し、指導者が描いた模範の絵地図を子どもたちに配布し、それを写す形で絵地図の基本形を整えさせるという方法をとった。
8) 文部科学省スポーツ・青少年局学校健康教育課発行（2006）：「大切ないのちとあんぜん－防犯教材　小学校1・2年用－」，2006年2月.

社会科実践フォトアルバム④

小2・通学路の観察(左)と絵地図の作成(右)(2007年)[第7章参照]

小2・町たんけん 学校近くの神社(2007年)　小2・こいのぼりの実践(2009年)[付章参照]

1990年代初めの授業風景

付章　熱中する中で仲間意識を育てる
－小2生活科「こいのぼり」の実践を通して－

　　平成21年度豊田市立巴ケ丘小学校に赴任した。当時の全校児童60名弱、三河山間部に位置する「やまびこ」学校だった。そして、翌年に生活科と総合的な学習で全国に向けて研究発表を控えている学校でもあった。そこで、社会科地理教育とは直接かかわらない研究実践を積み重ねた。「川遊び、こいのぼり、ひみつ基地」1年間で3つの研究実践を行った。なかなか厳しい1年間だった。その中で「こいのぼり」をあつかった研究実践のまとめを付章として残した。社会科地理教育とは直接かかわりのない内容であるが、一人の子を生かす（＝仲間にとりこむ）という学級経営の観点から書いた実践記録として残しておきたい。なお、以下の実践記録はどこの研究誌にも発表していない。

第1項　主題設定の理由

（1）学校の周りの環境から－こいのぼりに憧れをもつ－
　4月28日（火）に学校の校地を飛び出して、周辺の春探しをした。雄大に風に吹かれる「こいのぼり」群を目にして、「このすばらしいこいのぼりで遊びたい、そして自分たちのこいのぼりを作りたい。」と、こいのぼりに憧れた一瞬であった。地域（学区）を愛し、そのシンボルとなるような「こいのぼり」を生活科の学習に取り込みたいと私は願った。

(2) 子どもたちの姿から－仲間意識を持つ－

　わずか12人のクラスを担任して、いったいどうなるんだろうという漠然とした不安が教職28年目の私の4月1日の気持ちであった。しかし、担任して1週間で、その大変さが分かった。人数こそ少ないが、子どもたちはそれぞれの家庭で「王様」であった。大切に育てられてきたからこそ、この言い方、この行動があるんだということが自分の子を育てた経験から分かった。そして、人数が少ない故に、個別指導が行き届いていた。自分から質問したり、まとめて自分たちの行動計画を聞くという気持ちが希薄であった。よく話す子は話し、しゃべらない子は黙っているという現状が続いていた。部分的に仲良しの友だちはいても、学級全員が仲間だという意識はほとんど感じられなかった。ずっとこの仲間で6年間過ごすという意味が分かってなくて、一緒にいても一人ひとりバラバラという感触を1カ月ほど過ごした私は思った。そこで、「子どもらしい遊びを通して、仲間意識を育てたい」と私は考え、本主題を設定した。

熱中する中で仲間意識を育てる

第2項　研究の仮説

　主題に迫るために、次のような仮説を考えた。

生活科において熱中する活動を取り入れて伝え合う場や
　　　　　試行錯誤の場を設定すれば、仲間意識が育つであろう。

第3項　研究の手だて

①**子どもの思考過程を大切にした単元構想**
　前項のような仮説を実現するための手だてを明確にした。そして、その具現化を図るための研究実践の単元構想を立てた。子どもの思考過程を大切にした単元構想を立て、途中で修正しながら実践を継続する。

②**熱中する活動を設定する**
　こいのぼりに関心を持ち、身近に引き寄せて繰り返しかかわるためには、実物を見る・触れる・調べるといった子どもの実感に残る場を設定する必要がある。

③**試行錯誤の場を設ける**
　失敗体験で実践が終わってしまえば成就感がもてないため、低学年の児童には不適切な学習に陥る危険性が大きい。しかし、適切な教師支援を行う中で、最後にめざす活動が完成して終われば、学習効果は高まると考えた。

④**伝え合う場を設ける**
　活動に浸り、十分に気づきをもった状態の子どもたちは、自分の意見が言いたくて仕方がない。気づきを真剣に話し合う中から、お互いに吟味し合い、共通の意識（仲間意識）に到達する場が生まれると考えた。

第4項　実践と考察

　ここでは、抽出児A子の学びや授業記録を追うことにより、仮説を検証し、子どもたちの成長を述べることにする。

（1）抽出児A子へかける願い

　A子は何事にも慎重に対処する習慣が身に付いている。1年生の時、運動会の徒競走で級友と競って走ることがいやで、学校を休みたいと言いだし、実際に徒競走の練習は見学をした。また、給食で初めての食べ物が出たときも、全

く食べないということがあった。学習面では、計算や漢字の練習は熱心に取り組むが、生活科のような活動を伴う学習は消極的である。また、国語や算数などでも４月段階で発言することはほとんど無かった。資料１は春探しでのＡ子のふりかえり記録である。個別にＢ子とは仲がいいのであるが、他の児童ともいっしょに遊びたいと願っていることが分かる（下線）。何となくまだ仲間ではない感じがしているのであろう。Ａ子がこのクラスの仲間だという意識がもてるような実践にしたいという考えで、次のようにＡ子への願いをもった。

> ＜資料１　Ａ子のふりかえり記録＞
> 　春さがしをしました。こいのぼりがたくさん風に吹かれていました。すごく気もちよさそうでした。（中略）Ｂ子ちゃんだけでなく、クラスのみんなとこいのぼりであそべたらいいなあ。

・遊びに熱中する視点・・・生活科の活動（遊び）を楽しいと感じ、積極的に級友とかかわりながら、子どもらしい遊びに参加できる。

・仲間意識をもつ視点・・・自分の気づきに自信を持ち、思い切って発表する中で、自分自身への気づきを明確にすることができる。

＊上記２つの視点の達成と融合により、Ａ子は級友と仲間意識をもつことができる。

（２）画用紙でこいのぼりを作るＡ子

　本学級では朝のスピーチを４月の第３週から始めた。一通りスピーチが終わったのは５月の連休をすぎていたが、そのスピーチのテーマは12人中8人がこいのぼり立てであった。地域の方々やお父さんたちが、学校周辺に本物のこいのぼりをどんどん立てていった。そのイベントに２年生の子どもたちは立ち合っていたのである。いかに子どもたちの視線がこいのぼりに向いているか、その割合から関心の高さが分かる。そこで、「自分たちもこいのぼり

を作りたい」と放課中に担任の私に行って来る子が多くいた。まだ、本校に赴任して初めての運動会の練習や準備を行っていたので、こいのぼりの実践構想が固まっていない時期であったが、子どもたちの気持ちに感動して、作る約束をしてしまった。

5月26日（火）に「子どもたちが考えるこいのぼり作り」を行った。自分たちが考えるこいのぼりを各自で自由に作ってみた。材料は全員画用紙を採用した。デザインはまちまちだった。飛行機のプラモデル型あり、2枚のこいのぼりの形をした画用紙を切り、回りの部分を糊で張り合わせたこいのぼりあり、単にこいのぼりの形の1枚の画用紙を木の枝に貼りつけたものありであった。A子は1枚の画用紙をこいのぼり形に切って枝に張り合わせたタイプだった（写真）。外に出て飛ばしてみた。どのタイプも、本物のこいのぼりのように風にそよぐわけはない。自分たちが一生懸命走り回って紙のこいのぼりを移動させて遊んでいた。

そこで「こいのぼりを風に吹かせよう」という課題で仲間学習を行った（授業記録付-1参照）。残念ながらA子の発言はなかった。考えている様

写真　こいのぼりを飛ばしてみる

＜授業記録付-1　こいのぼりを風に吹かそう＞
T ：こいのぼりを風に吹かせられた子は何人いるかな？
C1：わたしは吹かせられました。
C2：僕も。
C3：僕もできたよ。
T ：わずか3人ですか。どうやったら風に吹かせられるかな？考えてみようよ。
C4：家で扇風機にあてれば飛ぶと思います。
C5：こいのぼりのお尻に穴を空ければいいと思う。
C3：指にゴムをつけて走ってとばしたよ。楽しかった。
T：A子ちゃんどう思いますか？
A子：・・・・・・。（以下略）

子は見えるのであるが、なかなか発言につながらないのがA子の特徴である。慎重な性格が影響して、積極的な発言にならない。しかし、授業の振り返りでは、次のように記録した。こいのぼりの勉強が楽しくてしょうがないという気持ちが表れている。A子のふりかえり記録から授業内容を懸命に聴き取り、自分の考えをある程度もっていたことが分かる。また、「アルバムにはって大事にしまいたい」という記述（下線）から、こいのぼりに対する愛着が他の児童と同様に強くあることが分かる。私はA子に声をかけて、次に授業では発言してみようと励ました。

<資料2　A子のふりかえり記録>
なぜこいのぼりの中に風が入ってくるのかなと思って、次の生活科の授業を楽しみにしています。次の生活科の授業では、意見をいっぱい言ってこいのぼりのひみつを見つけたいです。それと、今日作ったこいのぼりはアルバムに大事にしまって、思い出にしたいです。

（3）本物のこいのぼりに触れるA子

　仲間学習でいくら話し合っても、こいのぼりが風に吹かれるひみつが分からない子どもたちは、「本物のこいのぼりを近くで見てみたい」と言い始めた。これを絶好の機会ととらえて、私は本物のこいのぼりを借りてきた。教室横のワークスペースに広げて本物のこいのぼりを観察する時間をとった。A子を含め全員の子どもたちが大喜びして本物のこいのぼりに触れて観察を始めた。始めは手に取るだけだったが、興味が徐々にこいのぼりの内側に入り始めた。「中をのぞいてごらんなさい」という私の言葉を待つか待たないうちに、子どもたちはこいのぼりの内側にもぐり始めた。

　A子はB子と共に2人組で懸命に観察を続けた。その大きさや色彩のきらびやかさに驚き、固めのビニール材質の布に触れて手の感触を確かめ、中にもぐり込んで蒸し暑さと息苦しさを実感し、しっぽまで穴が空いていることを確かめながら出てきた。かなり興奮気味に顔を赤らめながら「すごい。大きい」「楽しかった。」「こっちの黒も入ってみよう」などとしゃべりながら、B子と共に次のこいのぼりの口中に潜り込んでいった。資料3に「たのしかった」（下線）

第 4 項　実践と考察　133

とあるように、本物のこいのぼりにたっぷりと触れて観察し、中にもぐって実物を五感で感じながら楽しんだことが分かる。

　6月8日にこの活動の結果を話し合う仲間学習を行った（授業記録付-2）。子どもたちは口々に本物のこいのぼりの色や大きさや目の特徴などを発言した。また、中に入って感じた息苦しさや臭いのことも発表できた。

　A子は、級友の発言を聞きながら何度か挙手したが、あてられると言えなくなってしまう場面があった。しかし、下線「白と黒が混ざって」のように授業の後半で目の内側の色について意見が分かれたので、教室の外に出してあったこいのぼりの中を実際に確かめた後、意見を言うことができた。A子の意識は学級の話し合いに向いており、目の内側の色を確かめたという自信が何とか意見として出された瞬間だった。

＜資料3　A子のふりかえり記録＞
　「こいのぼりをしらべたよ」わたしは、くろ色のこいのぼりに入って<u>たのしかったです。</u>1ばん目は赤です。2ばん目はくろでした。目は金色です。中はむしあつくてヘンなにおいがしました。（後略）

＜授業記録付-2　本物のこいのぼりを見たよ＞
（前略）
C1　：C2くんに反対で中も金色でした。（口々に数人の児童が話し出し騒然となる）
C2　：外のこいのぼりを見てみればいいじゃん。（児童は教室外のこいのぼりの中へ入って確かめる。また教室へ戻る）
T　：確かめた結果どうだったかな？
A子：<u>（教師と周りの児童に促されて）黒と白がまじってました。</u>
T　：よく確かめたね。（後略）

（4）本物のこいのぼり遊びに熱中するA子

　こいのぼりの観察を2時間室内で行った後、C男くんが外で本物のこいのぼりを使って遊びたいと言い出した。学級全員が賛成して、外で遊ぶことになった。本当に楽しく本物のこいのぼりで60分も遊ぶことができた。A子は、初め仲良しのB子と2人で遊んでいたが、他のグループに合流し8人もの大勢でこいのぼりを担いで運動場を走り回る遊びに熱中した。こいのぼりバスを作って楽しく遊べた様子が資料4から読み取れる。

　この記録からは、学級に一体化したA子の様子がよく分かる。別の幼稚園

出身者というよそ者意識はうかがえない。また、子どもらしくこいのぼりバスごっこに熱中したＡ子は、「またやりたいです」と書いた（下線）。また、学級のみんなと遊びたいという意味に読みとれたので、もう一回同じ遊びを行った。子どもたちは全く飽きずに、1時間（45分）こいのぼり遊びを続けた。この遊びの魅力

<資料4　Ａ子のふりかえり記録>
「こいのぼりで遊んだよ」
（前略）まごいの方に行って、こいのぼりバスになって8人になったので、4人と4人に分けてバスをやりました。私とＤ子ちゃんとＥ男くんとＦ男くんでこいのぼりバスをやりました。Ｂ子ちゃんとＧ子ちゃんとＨ子ちゃんとＩ男くんでこいのぼりバスをやりました。とっても楽しかったです。またやりたいです（後略）。

と共に、Ａ子が2年生の仲間意識を持つ兆しが見えてきた。

(5) こいのぼりの長さを調べるＡ子

　天気の都合から体育館で本物のこいのぼりを広げ遊ぶことにした。初め外と同じように「こいのぼりバス」ごっこで遊んでいた子どもたちだが、Ｅ男くんがこいのぼりの長さを両手を広げて測りだした。しかし、何センチか分からないので、教室から定規を持ってきていいかと教師に尋ねてきた。「もちろんいいよ」と返事すると、Ｅ男だけでなく、数人が走って教室に向かった。「走らないように」と注意していると、それに気づいた他の子どもたちも同様に定規を取りに教室に向かうという行動が生まれた。戻ってきた子どもたちは、15センチや30センチの物差しをつなげて、こいのぼりの長さを測り始めた（写真参照）。1週間前に長さの勉強を算数で行っていたのを思い出したのだ。

　ここに手だて①②が実践できたと考える。つまり、たっぷりと本物のこいのぼり遊びに浸り、活動の楽しさを存分に味わった子どもたちは、次第に「こいのぼりの長さを測りたい」という次の活動への意欲を醸成させてきたので

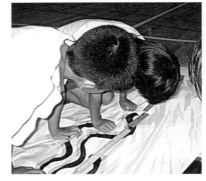

写真　こいのぼりの長さを測る子ども達

ある。それはE男だけでなく他の児童も定規を取りに教室へ向かったことから分かる。そして、算数で学んだ長さの測り方を思い出したE男くんの行動を契機にして、遊びから長さの勉強に一気に進み出した。まさに「遊びと学習」の一体の場面であった（資料5下線②）。

> <資料5　A子のふりかえり記録>
> わたしは、まごいが580センチメートルもあるって分かったとき、びっくりしました①。すごくおおきいです。みんながじょうぎをもってきてはかったとき、とてもたのしかったです②。K男くんはやっぱり暗算がとくいだなと思いました。

　12人の定規をつなげるだけでは、本物のこいのぼりは測れなかった。困っている子どもたちを見て、「1メートル物差しを使ってみたらどうだろう」と声をかけた。子どもたちは1メートル物差しを足りない分にたして、長さを真剣に計算し始めた。暗算の得意なK男くんが真鯉は580センチメートルと大声で叫んだ。そうしたら、次は緋鯉だとばかりに駆け出し、定規をつなげた。「緋鯉は480センチ」、「子どもごいは400センチ」と分かったときには、すでに次の時間を大幅に過ぎていた。しかし、子どもたちが熱中して長さを測った活動は、あっという間に過ぎ去り、だれ一人トイレに行きたいとか、もう時間が過ぎているとか、違う遊びがしたいなどとは言わなかった。学習意欲の継続と集中度の高さをまざまざと見る思いがした。

　この時間のように、同じ意識を共有する時間が長くもてたり、同じ意識をもつ機会が多くあれば、次第に仲間意識が芽生え、仲間意識が醸成されるのではないかと考える。A子のふりかえり記録（資料5）を見ると、580センチの長さに驚き（下線①）、みんなが定規をつなげているところが楽しく感じている（下線②）。仲間の意識と一体化している状態であると分析できる。A子はこの時間の学習中ずっと学級の活動に一体化していた。全員の意識がこいのぼりの長さに注目していた中で一緒になっていた。さらに、K男の暗算がとくいという長所にも目を向けている。K男を仲間と見ている証拠である。

（6）こいのぼりを試作するA子

　大きなこいのぼりを作るといっても、何から始めていいか分からなかったの

で、一度いろいろなサイズのこいのぼりを試作することにした。材質も始めは紙と布とビニールの3種類を考えていた。子どもたちと相談していると、一番最初に作った画用紙はやぶれるかもしれないということで却下された。風に吹かれるためにはどういう材質がいいのか、まだ分からなかったので、

<資料6　A子のふりかえり記録>
　きょう女の子といっしょにビニールでこいのぼりの計画を立てて、こいのぼり作りをしました。ずこうしつにあるマジックをつかいました。絵をかきました。あとで色をぬりました。そしてかわかしました。そしたらマジックがたれてきました。こいのぼり作りはしっぱいです。
（後略）

布とビニールの2種類を作ってみることにした。布は男子、ビニールは女子と2つに別れて試作が始まった。

　A子は女子6人でビニールのこいのぼり試作に熱中した。作っているときは熱中していて良かったのであるが、資料6にあるように図工室にあるマジックが水性マジックであったために、ビニールになじまず、乾きにくく、思わぬ所に垂れてきて模様が無惨なことになってしまった。このことをいち早く気づいたのがA子だった。最初にこの指摘を行い、女子一同はがっかりした表情になった。

　A子は資料6の下線のように、珍しく断定的にこいのぼり試作の失敗をふりかえり記録に記した。失敗体験自体は残念なことだが、A子と他の女子5人は同じ意識をもつことができた。また、布で作っていた男子が、女子を励ます場面があった。こいのぼり作りの材料は違うが、同じ勉強をしている仲間という意識が女子を励ます行動に表れたと考えられる。

（7）自信を持って発表するA子

　6月17日（水）こいのぼり試作の仲間学習を行った。A子は授業記録付-3の下線のように、自信をもって試作の失敗を発言することができた。B子はもともと発言力がある子だったが、A子の発言を補うような発言ができた。他の女子はA子の発言を間違いない事実だと認める表情でうなずいていた。

　A子の自信に満ちた発言は、今までのA子のイメージを覆すものだった。今までは、なかなか発言できず、あてられてもぐずぐず言うだけで、まとも

第4項　実践と考察　137

な発言に至らないことが多かった。しかし、今回は自分が仲間と一緒に懸命に取り組んだことで、一体感が生まれたことに加えて、試作のこいのぼりの失敗を最初に気づいたという事実がA子の考えの足場を強くしていた。そして、一緒に作業していた女子全員が、前時にその失敗を認めていたという事実があった。慎重なA子だが、このときばかりは女子の先頭に立って発言することができた（授業記録付-3 下線①）。また、B子の補足の説明（下線②）を聴くことで、A子は自分の気づきを確かなものとさらに自信を深める契機となった。これが手だて④の有効性の証左となる。他の女子や男子たちも、A子とB子の発言を聴くことで、互いの気づきを広げたり深めたりできているのである。

> ＜授業記録付-3　こいのぼりを試作して＞
> T　：こいのぼりを試しに作ってみたよね。みんな一生懸命作った。やってみて見つけたことや思ったことを発表しようか。
> A子：はい。ビニールで作ったんだけど、絵をマジックでかいたら、垂れてきちゃって、大失敗①になりました。
> B子：A子ちゃんに付け足しで②、図工室のマジックが水性だったのに、ビニールに塗ったから、うまく乾かなかった。知らずに窓に乾かしたから、垂れてきちゃった。（後略）

　さらに、この失敗は2年生のこいのぼり作りにとって大きな一歩であった。A子が失敗体験を共有し、仲間学習で自信をもって指摘できたことで、2年生の仲間意識を共有する契機となったのである。私は試作では失敗したほうがいいと思っていた。こいのぼり作り自体には痛い体験だが、失敗することで集団の質は高まると考えている。事実女子の集団は一体化して次の本番のこいのぼり作りへ立ち向かうのである。ここに手だて③の成功の兆しが見えてきた。

　男子は布で作ったために、重くて風に吹かれにくいという心配を抱えた。もっと大きなこいのぼりを作ったとき、本当に風に気持ちよく吹かれてくれるのであろうか。私自身も自信がもてなかった。

（8）こいのぼり作りに熱中するA子

　試作の倍の長さのこいのぼりを作ることにした。今度は失敗しないようにと、注意深く作り始めた。女子はビニール製のこいのぼりを今度こそ成功させるぞという意気込みで、油性のマジックを家から持ってきて意欲満々で作り始

めた。

　ところが、男子が同じ布だと重くて風に吹かれないのではないかと心配していた。私は試作の布よりも軽い不織布はどうだろうと提示してみた。男子はこれなら風に吹かれそうだと自信を持って作り始めた。

> <資料7　A子のふりかえり記録>
> 私は絵をかくことが楽しかったです。アイスの絵をかきました。ブドウのアイスとラムネのアイスとミカンのアイスとイチゴのアイスをかきました。シールをはるのも楽しかったです。絵もたくさんかけてシールもたくさんはれて楽しかったです。

　2時間（90分）たっぷり作ったが子どもたちは飽きなかった。A子は資料7のようにアイスの絵を描いたり、シールをたくさんはったりして、下線のように満足した感想を書いている。

(9) 完成して喜ぶA子

　6月30日（火）こいのぼりが完成した。男子の不織布こいのぼりには、手形がたくさんかかれていた。女子＋男子2人のビニールこいのぼりには、アイスやお魚などの絵が油性のマジックでたくさん描かれていた。

> <資料8　A子のふりかえり記録>
> 私は絵とシールをいっぱい描いたり、はったりしました。（中略）こいのぼりがうまくかんせいしてうれしかったです。

　A子のふりかえり記録は満足感でいっぱいであった（資料8）。試作品が失敗したので、今度こそ成功させようとがんばった気持ちが良く表れていた。失敗体験を克服し、大きなこいのぼりを完成させた喜びは、他の女子と一体感を生み出し、仲間意識につながっていた。春探しをしたときのような仲間に入りたいと言う意味の感想ではなかった。ここに手だて③が有効であったことが分かる。失敗し、それを乗り越える過程で子どもたちは同じ仲間意識をもったのではないだろうか。

(10) こいのぼりを心配するA子

　7月7日（火）本物のこいのぼりを貸してくださったF先生にお礼の会を開いた。たくさん遊ばせてもらった本物のこいのぼりをお返しし、自分たちが育

第4項　実践と考察　139

てて収穫したジャガイモをお礼の手紙とともに渡して感謝の気持ちを伝えることができた。会の後、完成した自分たちのこいのぼりを運動場に広げて、風に吹かせてみんなで遊んだ。ビニール製のこいのぼりはスイスイ風に吹かれたが、不織布のこいのぼりは少し重い感じがした。でも、風に吹かれたことは吹かれたので、一同満足であった。次に、2本のこいのぼりを国旗掲揚塔の上に揚げた。2本とも見事に風をおなかに含んで、気持ちよさそうに吹かれることができた。一同歓声を上げた瞬間だった。

6校時も終わりに近づいたころ、こいのぼりを下に降ろすときにハプニングが起きた。ビニール製の軽いこいのぼりが、ポールに頭から突っ込み、途中で止まってしまった。とてもはしごで届く高さではない。2階建ての校舎からも離れていて届かなかった。何と

<資料9　A子のふりかえり記録>
（前略）国旗に揚げたら立てに入っちゃって、大変なことになりました。ハサミとかで切るのは、せっかく作ったのを切るなんてすごーくかなしいけど、（中略）テンションが下がって悔しくなりました。
（後略）

かポールの紐を工夫して、本体が下まで降りるようにしたが、残念ながらこいのぼりの胴体は頭からポールに入ったままだった。いろいろ工夫したがだめだったので、帰りの会で、ビニール製のこいのぼりは切るしかないかもしれないと話した。資料9のように、女子の冷たい猛反発を受けることになった（下線）。A子はもちろんのこと、全員の悔しい気持ちが教室に広まったので、私は何とか切らずに降ろす方法を考えると約束して下校した。

約束はしたものの、なかなかいい方法は見つからないままに時間が過ぎた。脚立や洗濯物干し竿を使っても届かなかった。雨風が強い日もあり、やっぱり切ることやむなしという結論に近づいたので、子どもたちへの説得方法を考え始めた。全校の児童には事情を話し、国旗掲揚塔に自作のこいのぼりが揚がっているが、切らずに降ろす方法を考えているので、少し時間をくださいと説明しておいた。この説明を聞いた校長が、最後の手段だと言って「鮎釣り用の長い竿」を貸してくれた。確かに長い。また、よく曲がり折れない。強くて長い竿を使って、大きなこいのぼりを釣り上げようと言う作戦だった。うまくいくかどうか分からないが、やってみようと子どもたちに話した。A子はうれしそ

うに話を聞いていた。

　ハプニングではあったが、また困難な状況になって、A子は学級と一体になって心配し、両親にも何とかならないかと聞いたそうである。ここに一体感と仲間意識が見て取れる。手だて③が半ば成功した証左である。

（11）こいのぼりの救出作戦大成功！

　7月15日（水）夏休みに入る直前に、こいのぼり救出作戦を行った。風もあり、天気もまあまあで絶好の釣り日和であった。3〜4回試みて、見事釣りに成功！またまた一同歓声を上げた瞬間だった。女子たちは釣れたこいのぼりを竿ごと持って、運動場を走り回った。5年生の子たちが、2階の窓から救出作戦成功のお祝いの拍手をくれたほどだった。

　A子はその喜びを資料10のように記録した。ここで注目すべきは、下線の「わたしたち」という表現である。困難な状況を突破し、切らずにこいのぼりを救出できたことで、わたしたちという一体感のある表現で自分たちの集団を呼ぶようになった。こいのぼり

> ＜資料10　A子のふりかえり記録＞
> きょうすごーくうれしいことがありました。わたしたちのこいのぼりが助かったことです。水野先生が、校長先生からかりたつりざおで、こいのぼりをつり上げてくれました。ほんとうにうれしかったです。（後略）

を釣り上げた瞬間は、暑いにもかかわらず、肩を抱き合って喜ぶ姿が見られたのである。仲間意識が定着したと実感した瞬間だった。手だて③は、このハプニングを想定したものではなかったが、実践の結果として、手だて③を実証することになった。

　こいのぼり作りの実践は、これをもって終了した。後は製作したこいのぼりを教室の壁面の高いところに掲示して実践の思い出にするだけだった。私が一番大きなこいのぼり2匹だけを掲示していると、子どもたちから不満の声が聞こえてきた。「今まで作ったこいのぼりを全部掲示してほしい」ということだった。なるほど、手のひらサイズの試作品から、マジックが垂れて模様が失敗した中間の大きさのこいのぼり、重たくてうまく風に吹かれなかった布のこいのぼりなどいくつも作ってきた。その一つひとつが子どもたちのこいのぼり学習

の足跡であった。それを掲示するのは当然かもしれないと思い直し、スペースを空けて掲示していった。子どもたちは誇らしげにそれを眺めながら夏休みを迎えたのであった。

第5項　研究のまとめ

(1)　研究の成果

　A子や学級の子どもたちの様子から、仮説の実現のために考えた4つの手だてを検証してみることとする。

1 手だて①②より、対象に繰り返しかかわり活動に浸ることで、次の活動への意欲が醸成された。

　本物のこいのぼりと出会わせ、繰り返し遊ぶ場を設定した。天気の具合で体育館に場を設定したとき、子どもたちは自ら15センチや30センチの定規をつなげて、本物のこいのぼりの長さを測ろうと動いた。また、こいのぼり作りについても、画用紙、試作品の布製とビニール製、本物に近い大きさの不織布製とビニール製と繰り返し製作を行った。2年生の子どもがだれも飽きずにこの繰り返しの中でこいのぼりに対する愛着を深めていった。

2 手だて③より、失敗または困難な状況を回復（克服）することで、仲間意識が深まった。

　マジックが垂れてきてこいのぼりの模様が台無しになったり、完成したビニールのこいのぼりが掲揚塔のポールに口をつっこむ形で入ってしまったりというハプニングが起こり、その都度私と子どもたちは困ってしまった。そのとき、何とかしてやろうとみんなで考え込むことで、A子は確実に学級の一員となり、仲間意識を募らせていった。結局、幸運にも校長先生から借りた鮎つり用の釣り竿を使って、こいのぼりを救出することができた。うれしくて肩を抱き合って喜ぶA子は学級の仲間そのものであった。

3 手だて④より、仲間学習を繰り返し行う過程で、A子は自分の気づきに自信を深めると同時に学級の仲間であることを意識していった。

初め、発言が苦手で自分になかなか自信がもてなくて、指名されても何も言うことができなかったA子だった。しかし、こいのぼり遊びに熱中する中で多くの級友と遊ぶ機会が増えた。また、こいのぼり作りでは、マジックが垂れるという予想外の失敗を経験し、それをいち早く発見したA子が仲間学習で発言することで、学級集団に認められるという成果が上がった。A子はこれに自信を深め、道徳などで1時間に1回は自分から挙手し、発言できる子どもに変わっている。この変容は本人の成長が大きいが、仲間学習で自信に満ちた発言ができたことが契機となっていると考えられる。

以上手だて①〜④の有効性が確認された。仲間意識という目に見えない学級の雰囲気やまとまりを生活科の学習を通して醸成するという難しい仮説であったが、手だて一つ一つを成功させることにより、1〜3の成果が上がり仮説が達成できたのではないかと考える。一般的には、行事や特別活動を通して自然とできあがる「学級のまとまり」、「仲間意識」が、生活科という社会性を培う教科の学習によって達成された意義は大きいと考える。

(2) 今後の課題

学区のシンボル的な存在である「こいのぼり」を教材に取り上げ、本物に近い大きさの自作のこいのぼりを作り上げるということに挑戦できたことは、学級にとって意義深かった。しかし、私自身に大きなこいのぼりを作った経験がなかったために、製作過程が手探りであった。布がいいのかビニールがいいのか、よく分からないまま2種類の試作品を男女に分かれて作ってみた。本来ならば、ビニールを使い学級全員で1体を作るべきではなかったかと反省している。

また、仲間学習における話し合いの様子は、2年生としてよく発言できるレベルにはあるが、内容がなかなかまとまらないという弱点がある。ただ単に発言すれば良いという問題ではなく、2年生なりに級友の話を聴きながら、まとまりのある話し合いというものにもっていかなくてはいけないだろう。こいのぼりの学習では、まだ、そのレベルに達することはできなかった。今後の仲間学習の積み重ねによって、聴き合い話し合う仲間学習の理想的な形を作り上げ

ていきたい。

第6項　実践を終えて

　1カ月半に及ぶこいのぼり実践を終えて、子どもたちは生活科の授業が大好きになった。実は、生活科の教科指導訪問を受けることになり、6月終わりから「川遊び」の実践と同時並行的にこいのぼり実践を進めてきた。そこで、こいのぼり実践では残念ながら実現できなかった集団遊びを試みてきた。仲間意識はあっても、集団で遊ぶという経験がない、または乏しい子どもたちはなかなか集団遊びに至らなかった。川で仲間と助け合って遊ぶ経験を通して、心と体が一致した仲間意識を持つことができるであろうと期待している。

　そして、山の中の小さな学校だからこそ固い絆で結ばれた同級生という集団を作っていってほしいと願っている。生活科の半分遊びを取り入れた伸びやかな授業だからこそできる仲間意識の形成というものがあるに違いない。川遊び、ひみつ基地作りと続く生活科の授業の積み重ねを通して、さらに強固な仲間意識を作り上げていきたいと考えている。

　若いころ公開授業時に子ども達の発表場面を設定すると、教科書や資料集の文章を写したまま棒読みすることが起きた。何で自分の言葉で話さないのだろうと悩んだ。しかし、経験を積み、一人調べの際の助言に愛情が加わるようになったり、とことん一人調べに熱中する状況に子ども達を追い込むと、自分の言葉で話しだした。後から振り返ると、そこには2つの要因が潜んでいると考える。1つは、子どもが納得してなおかつ十分に調べているか、ということである。私の授業研究案の中のHに相当する部分では、45分の授業時間の中のわずか10分間程度しか調べを行わない。この状態では、なかなか子ども自身の調べが十分でないので、調べた内容を自分の言葉に変換しにくい状況がある。子どもに負担をかけすぎないほうがいい。資料集の文章そのものでもいいので、発表したことを褒めてや

るという姿勢でいいのではないか。2つには、一度話すことを覚えた子どもは、多少調べが不十分でも自分の言葉で話すことを覚えるというか分かる時が来るように思う。昨年秋に愛教大附属岡崎中学校の公開授業を参観したことがある。附属小学校時代から公開授業に慣れて調べ学習や話し合い学習に親しんできた生徒たちは、思い存分に話し合っていた。極端な話だが、教員集団より話し合いが上手なのではないかとさえ思った。自分が担任した学級でも、付章で書いた小学校二年生の子ども達は上手だった。研究発表した生活科はもちろん、国語や算数でも上手に話した。そこにはただ単に十分な一人調べという以外に、話し合える子どもの人間関係または集団が成立していた。適切な言葉で表現できないが、話し合う関係と雰囲気が成立していた。これができれば、年齢は関係なく話し合えるのではないかと考えている。話し合える集団づくりは、学級経営と密接に関係していると言える。

あとがき

　私の社会科地理教育に対する考え方と実践の基盤となった恩師や学校、著書をこの場を借りて紹介しておきたい。まず特筆すべきは、(故)松井貞雄教授の考えであった。私の大学院時代に、農業地理学の授業の中で、時々教育の話をはさまれた。「玉ねぎの皮をむくように、なぜ、なぜ、なぜと要因追究するような学習が望ましい」という話である。経済地理学の論文、教育実践の流れを構想する時、いつもこの話を思い出しながら考えた。実践は、そのようにうまく運ぶことばかりではなかったが、私の思考の基盤となったことは確かである。

　松井教授の薫陶を受けて、私は小学校の教師になった。その学区に、前田勝洋氏が住んでおられた。幸運にも、2年目の私の社会科研究授業を見てくださる機会を得た。その時の話から、社会科の初志を貫く会を知り、以後30年ほど『考える子ども』を読んだり、研修会に参加したりする機会を得た。しかし、松井教授の考えとは少し異なっていた。地図やグラフの読み取りの方法は教師が模範を示す、知識を重要視する、つまり覚えることに適した年代にはがんばって覚えようという松井教授の考えは、教え込みを廃する『考えるこども』の中にはなかった。その差異が、私を悩ませ、いろいろ考えさせる契機となった。

　若園小学校時代に国語の研究発表（平成7年）を行った。その時の講師が、甲斐睦朗教授（当時愛教大）だった。国語科のパイロット学習（児童主導授業）を提唱された。その研究成果を社会科に活かそうとして、平成9年から8年間勤めた末野原中学校の前半の4年間は、社会科のパイロット学習の実践を行った。教え込みの学習と対峙される生徒の主体的な学び、その中間を行くような学習スタイルは各地で形式を変えながら実践されているが、中学校ではこれが

精いっぱいという試みだったと記憶している。

　しかし、日本地理教育学会や全国地理教育学会で発表を聞いていると、やはり「覚える時期には覚えないといけないのでは」という松井教授の考え方に戻ってしまった。山口幸男氏の著書『社会科地理教育論』(2002年古今書院) を読み、自分の実践は山口氏の考え方に沿い、児童に覚えることと活動・調査・発言を促す折衷案のスタイルでいこうと決めたのはこのころである。あくまでも学校の教育活動の中でつまり社会科という枠の中で地理教育を組み込んで丁寧に実践していく方向は、山口氏の著書や学会でのご発言から自分なりに学んだ結果であった。

　私が、その考え方を確信した著書を後年になって発見した。安井俊夫『社会科授業づくりの追求』(1994年日本書籍) である。もっと早く安井氏の著書を読んでいればと悔やまれるが、歴史と地理の分野の違いはあれど、底に流れる考え方は共通していた。宿題やプリント学習または授業などで基本的な知識は身に付けていく。また、資料をそろえ、学校の教育活動の流れの中で授業研究に集中できるころには、一人調べや話し合いなどで発言を促す授業スタイルをとり、探究的な学習活動を行う。子どもたちには、教材の中の人物や事象に共感するまで探究することを求め、活発な話し合いを実現する。知識も追究も共に大切にする授業スタイルであった。ここに落ち着いた。これ以後、自分なりの思索で社会科を捉えていくが、新しい著作を求めることはしなかった。

　若いころ、どちらの方法がいいのかで悩んだ時期はとうに過ぎて、気が付くと豊田市の社会科をリードする立場にいることが分かった。学級担任として毎日忙しい教育活動を続ける中でも、学校の教育活動全体の流れとらえながら授業研究を考えるようになっていた。学問分野としての「社会科教育学」ならば、ある一定の考え方や理論が必要かもしれない。しかし、学校の教育現場で教える場合には、人的・時間的制約があるため、理論に沿った授業は1年に1度実践するのが精いっぱいであるという実情はやむを得ないものがある。私に音楽の授業研究をやれと言っても無理なように、多教科の専門の教師が集まっている小学校の教師に社会科の研究実践をやれというのは難しいことではある。小学校全科を学部で学んだ教師に教科専門的な話を持ち出すことも同様に難しい

話であることが分かった。教育委員会より指定を受けた研究実践校または付属小学校のように研究実践を方針に掲げてある学校ならば、個人の専門にかかわらず、特定の分野に限定して研究実践を進めるのであるが、あくまでも個人の研究となると、制約が大きかった。自分はどうすればいいのか考えると、結局「あれかこれか」で悩むのではなく、「あれもこれも」学校の教育活動の流れの中で状況に合わせて実践すればいいのであると考えるようになった。児童個々の様々な性格や能力の違い、学校が抱える社会科の枠よりも大きな課題（特別支援教育、道徳の教科化、外国語活動、不登校・不適応、いじめ問題、教職員の勤務時間等）に取り組みながら、目の前にあることを大きな負担をかけることなく、しかし、ていねいに取り組むこと＝現状が一番いいと考えるようになった。若い方々へのメッセージである。

　本書の内容は、小学校社会科の全ての内容や方法をカバーした実践ではない。小学校3年生の社会科で地場産業を対象にした学習であっても、それに携わる人の生き方を考えるまたは共感する授業はあってもいいというか、むしろ必要である。小学校5年生の農業や林業を扱う社会科の授業で、全国各地の米作りまたは果樹作の分布、林業の仕事の様子を学習しても、単元の後半部分は自分が将来農業や林業に従事するかどうかキャリア教育的要素が含まれる話し合いの時間があってしかるべきである。総合的な学習とリンクするような単元構成は、どこまでが地理教育でどこからは発展（探究）学習か区別がつきにくいことが起こり得る。さらに、授業形態に変化をつける方法を実践する授業研究も世の中には存在するし、私自身も経験してきた。具体的には、課題の提示→一人調べ→グループ学習（学び合い）→学級全体の発表または話し合い、という学習過程をたどる授業の流れである。「学び方」の実践を熱心に行っている実践者が世の中には多くおられるし、私の授業に取り入れたいと考えて本を数冊読んだこともある。中学校勤務の時には、ワークショップ形式のポスターセッションによる社会科実践を行ったこともあり、その記録も残した。それらの実践記録は、本書に収録できなかった。そのような意味で、本書の内容は私の社会科の実践の一部であることをお断りしておきたい。

　また、明治用水や商店街の実践の中に一部書かれているが、実践の進め方を

学年や学年部の先生方に相談したことも含まれる。生活科の通学路の安全意識の実践では、学級の保護者に見守りボランティアをお願いした。当時の学年を組んだ先生方やボランティアに快く応じてくださった保護者の方々のご協力があって、初めて実践が成立したということができる。そのような意味において、今まで勤務した小学校の同僚の先生方、保護者の方々に厚く感謝の意を表したい。

　本書は、若いころより地理教育研究誌に投稿して活字になった実践記録を集めたものである。文学部で地理学を学び、修士課程で教育学と社会科教育学と経済地理学を学んだ私は、小学校の教育現場にてどのように勤務するか常に自問自答しながら生きてきた。仕事は周りの教職員と同様に行うが、研究だけは忘れまいと自分に言い聞かせながら勤務してきた。おのずと勤務時間を大きくオーバーし、学校で深夜を迎えるとか、土日に学校で仕事することが日常茶飯事になった。ただでさえ愛知県三河地方の学校は「管理教育」「提灯学校」などと揶揄されるほど勤務時間が長いことで知られる。ましてや仕事も研究もと欲張ってやってくると、家族にしわ寄せがかかってきたことは言うまでもないことだった。その生活を35年間続けた。現在定年退職して再任用で勤務しているが、今後のことを考えると、はるか昔に書いた修士論文の発展を研究したいという思いが沸々と湧いてきている。8年前から継続している『新修豊田市史』の調査および執筆の完成を当面の目標にするが、今まで二足のわらじをはき続けることができたのは、年に数回豊田市史現代部会でお会いし励ましやご指導をいただいた阿部和俊先生（愛知教育大学名誉教授）のおかげである。

　そして、豊田市史の区切りがついたら、宮川泰夫先生（元愛知教育大学教授、九州大学名誉教授）から35年前にいただいた宿題（太平洋側と日本海側の織物業の展開の比較研究）に取り組みたい。若いころ情熱を傾けた研究に戻ろうと考えている。

　そのような意味で、過去に一番負担をかけ、今後も負担をかけ続けるであろう家族に最後に感謝の意を記すことをお許しいただきたい。

水野雅夫

著者略歴

水野　雅夫　みずの　まさお

1956年5月8日福井県生まれ
1980年3月　　立命館大学文学部地理学科　卒業
1982年3月　　愛知教育大学大学院教育学研究科社会科教育専攻地理学専修　修了
1982年4月　　愛知県豊田市立高嶺小学校教諭を拝命。
　　　　　　　以後35年間豊田市内の小中学校に勤務。
2017年3月　　愛知県豊田市立冷田小学校を定年退職。
2017年4月　　愛知県豊田市立岩倉小学校　再任用教諭を拝命。現在に至る。

書　名	小学校における社会科地理教育の実践と課題
コード	ISBN978-4-7722-4205-9 C3037
発行日	2017年12月13日　初版第1刷発行
著　者	水野　雅夫
	Copyright ©2017 Masao MIZUNO
発行者	株式会社古今書院　橋本寿資
印刷所	株式会社太平印刷社
製本所	株式会社太平印刷社
発行所	株式会社古今書院
	〒101-0062　東京都千代田区神田駿河台2-10
電　話	03-3291-2757
ＦＡＸ	03-3233-0303
振　替	00100-8-35340
ホームページ	http://www.kokon.co.jp/

検印省略・Printed in Japan

いろんな本をご覧ください
古今書院のホームページ

http://www.kokon.co.jp/

★ 800点以上の**新刊・既刊書**の内容・目次を写真入りでくわしく紹介
★ 地球科学やGIS, 教育など**ジャンル別**のおすすめ本をリストアップ
★ **月刊『地理』**最新号・バックナンバーの特集概要と目次を掲載
★ 書名・著者・目次・内容紹介などあらゆる語句に対応した**検索機能**

古 今 書 院
〒101-0062　東京都千代田区神田駿河台 2-10
TEL 03-3291-2757　FAX 03-3233-0303
☆メールでのご注文は order@kokon.co.jp へ